目次

終章　旅とは観念からの解放である。ではその後に残るものとは？

Travel photo gallaries

プロローグ　これから「旅」について書こうと思うこと

狐には穴あり、鳥には巣あり、されど人の子には枕するところ無し（マタイ　八：二〇）

いきなり冒頭から、聖書の言葉の引用で恐縮だが、旅人業界（そんな業界があるとして）の末席を汚す自分にとって、この言葉ほど、ぐっと胸に迫ってくる言葉も他に無い。「旅」について何か連想しようとすると、なぜか真っ先にこの言葉が、いくばくかの寂寥の念とともに浮かび上がってくる。

もちろん、ここで言う「人の子」とはイエス自身を指していて、当時ガリラヤ湖畔の町に滞在していたイエスが、異邦人のいる対岸に渡ろうというときに発せられた言葉ということぐらいは知っている。マタイ伝によれば、このとき、ある律法学者が「あなたがおいでになる所なら、どこへでも従ってまいります」と同伴を求めると、その覚悟を試すかのようにこの言葉が返されたのだという。

僕は別にキリスト教の信者というわけではなく、神学的にこの言葉をどのように解釈すべきなのか、その深い意味を知っているというわけでもなく、またこの言葉が、いわゆる世間一般で言う「旅」とは全く別の視点で言われていることも承知している。

それでも、キリスト教信徒の方には申し訳ないが、単純にこの言葉の持つ、ちょっとアンニュイで物寂しげな響きが、昔、とある旅に出たときの僕自身の心情とシンクロしてしまうのだ。


昔、僕はバックパッカーだった。

いや、昔に限らず、今でもプライベートで旅に出るとしたら、バックパッカー的スタイルで旅に出るだろう。もっとも、今ならバックパックは背負わないでスーツケースを転がすだろうし、仕事のこともあるので、昔のように長期間の旅にはならないとは思うが（なのであえてバックパッカー「的」と書いておく）。

スーツケースを転がしてたら、そもそも、もうバックパッカー的ですらないだろう、という人もいるかもしれない。でもそこは、外面的なスタイルじゃなくて、旅の精神を言ってると思って欲しい。もっとも、何をもってバックパッカー精神というのかということを、ここでいちいち説明するつもりは無いのだが。ついでに書いておくと、僕自身は、この「バックパッカー」という言葉自体はあんまり好きではない。ただ、世間一般の言い方では、他に当時の自分の旅のスタイルをうまく説明できないからこの言葉を使っている。実際、当時の僕は、どこからどう見ても、いわゆるバックパッカーに見えただろう、とは思う。

僕が初めての旅、その本格的な旅に出たのは、元号が昭和から平成に変わった、その次の年のことだった。行き先はインドとその周辺国。期間は一応、一年程度の予定だった（別にはっきりと決めていたわけでもなかったが）。

わざわざ本格的な旅、という書き方をしたのは、その旅に先立つ三年ほど前、少しだけ海外に出たことがあったからだ。そのときも、実は行き先はインドだった。しかし、そのときの滞在期間は、たったの二週間程度だったのだ。もっとも、二週間程度でも海外に出れば、世間では普通、それは「旅」もしくは「旅行」と言われる。なので自分にとって、全く初めての旅というと、世間的にはそちらが最初になってしまうかもしれない。

ここで、少しでも当時のバックパッカー事情を知っている人なら、こう疑問に思うかも知れない。ちょっと待って、二週間？　なんでそんな短期でインドに行ったの？　何にも見れないんじゃない？　パックツアーにでも参加したの？　と。

確かに、インドという国は、説明するまでもなく広大で、かの国をバックパッカーとして隅々まで周ろうと思えば、昔だろうと今だろうと、たぶん一年掛けても周りきれないくらいの広さと見どころがあるだろう。実際、今の自分でも、誰か旅の初心者の人から、インド旅行について何か相談されたら、思わせぶりに先輩面して、長ければ良いってもんじゃないけど、期間は最低でも半年くらい見ておかないときついかなぁ、くらいのことは平気で言ってしまうかも知れない。

ただ、その最初の訪印当時というのは、僕はまだ「旅」という行為に特別な関心があった訳ではなかったのだ。もっと言うと、インドという国自体にさえ、その文化も含めて、さして特別な興味があった訳でもなく、いろいろ観光地を周ってみたかった、という訳でさえなかった。つまりそれは、文字通り一種の「訪問」でしかなく、バックパックを背負った旅なんかではないのはもちろん、パックツアーに参加しての観光地巡りでさえもなかった。

じゃあ、それがどんな訪問で、なんでたったの二週間だったのか、というと……まあ、その辺の事情は、個人的な事情もあるし、本稿の本題とは直接関係ないので割愛させてもらおう。もっとも、その最初のインド訪問が、僕のその後の旅、つまりはその三年後の本格的な旅への大きな動機付けになったのは間違いない。

という訳で、僕の中では、最初の旅、本当の意味での〈旅〉は、その訪印の三年後の旅から始まった、ということになっているのだ。

さて、なんで僕が、こんなことをグダグダと書き始めたのかというと、僕の人生が、その本格的な旅によって、それまでとはまったく違う方向に向かい始めたというか、仕事のあり方を変えてしまうような全人格的作用がもたらされたと言うか、まあ、要するに一言で言ってしまえば、いわゆる人生が変わってしまうような事態に陥ってしまって、結局、その後もその影響を脱することが出来ないまま、ズルズルと今日に至ってしまっている、ということが関係している。

僕は一応、本業が旅行ガイドブックの編集業（※二〇一九年連載開始当時）ということになっている。実際には、基本がカメラマンで、取材や執筆を合わせてやってるうちに、ガイドブックの編集まで請け負うようになってしまった、というのが本当のところだが。

最初は別段、旅という行為に特別な興味があったわけでもなかったのに、たまたまインド世界を覗き見してしまったがために、数奇な運命（と言うほど大げさなものでもないけど）の悪戯によって、気がついたらガイドブックの執筆やら編集やらまで手を伸ばし、旅行業界の末端で細々と仕事をするようになってしまっているのだ。

早いもので、僕がその最初の旅に出てから、そして帰国後、カメラマンやライターとして仕事をするようになってから、なんだかんだで、もう二〇年以上経つ。いや、次のオリンピック（※東京オリンピック２０２０）にはもう、三〇年にもなろうか、というところまで来てしまっている。

その間、旅行業界やガイドブック業界にも大きな変化があった。たとえば、僕がこの業界で仕事を始めた当初は、まだ旅行ガイドのシリーズものといえば、パックツアー客をターゲットにしたものがほとんどで、海外渡航先の個人旅行をターゲットにしたシリーズものは一種類しかなかった（今でも書店でよく見る、地球のなんとかというシリーズ）。

そもそも日本では、観光目的の海外渡航の自由化自体が、戦後二〇年近くも経った一九六四年だったわけで、最初は外貨の持ち出し制限があったり、ドル円の交換レートが一ドル三六〇円で固定されたドル高状態だったりで、庶民が比較的簡単に海外旅行に行けるようになるのは、七〇年代に入ってからなのだ。

いや、七〇年代に入っても海外旅行というと、パックツアーで一～二週間程度くらいがせいぜいで、個人でバックパッカーとして海外旅行をしたなんて人は、少なくとも僕の周り（つまり僕の親の世代）では一人も存在しないくらいだった（あくまでも個人的な範囲です）。前述の地球のなんとかというシリーズものからして、最初の刊行が一九七九年で、ヨーロッパ編とアメリカ編の二冊だけという状態だったくらいだから、個人旅行としての海外渡航の歴史自体が、まだまだ浅い状態だったわけだ。

個人のバックパッカー的海外旅行がそれなりに一般的になるのは、一九八五年のプラザ合意以降、急激に為替が円高ドル安になってからで、振り返ってみれば、僕が旅に出たのも、そうした個人旅行がようやく一般的になったばかりの頃だった。

本稿を書くため、最近の海外渡航者数がどうなっているのか、念のために調べてみたら、ここ数年（二〇一九年当時）は横ばい傾向が続いたとはいえ、一昨年（二〇一七年）の統計だと年間延べ約一七九〇万人（二〇一九年は約二〇〇九万人）もの日本人が海外へ出国しているのだという。しかも、そのうち、個人手配旅行が全体の五割強（ＪＴＢ調べ）になっているというのだから、なんというか隔世の感がある。

なんでもそうだが、ある社会状態がほんの五年くらいでも続くと、自分の関心のあるジャンル以外のことに関しては、あるいは特に一〇代くらいの若い人にとっては、ずっと昔からそうだった、みたいに勘違いすることも多くなりがちに思うが、変化は案外急激に起きていたりするものだ。

追記しておくと、日本政府が海外観光渡航促進などの目的で、テンミリオン計画という海外旅行倍増計画を発表したのが一九八六年だ。その当時はまだ、海外に行く日本人は、年間五〇〇万人に届くかどうかという程度だった。その計画は五年以内に海外渡航者数を一〇〇〇万人に倍増させようという、ちょっと無謀にも思えた計画だったのだが、実際にはそのわずか四年後の一九九〇年、計画をちょっと前倒しした形で一〇〇〇万人の大台に乗ってしまっていた。この一事だけで、円高ドル安以降、いかに急激に海外旅行がブームになって、身近なものに変貌していったかが分かるだろう。

九〇年代も半ばになると、時代の変化を受けた出版業界のほうでも、それまでパックツアー客向けのガイドブックしか出してこなかった中堅出版各社（ＪＴＢや昭文社、実業之日本社など）が、次々と新しいガイドブックのシリーズ、これまでとは違う、明確に個人旅行者をターゲットにしたガイドブックのシリーズを投入し始めた。その中のひとつに、僕も立ち上げ当初から今に至るまで関わることになる、とある海外旅行ガイドのシリーズものがあった、という訳なのだ。

というわけで、簡単な自己紹介を兼ねて、旅行業界のここ数十年の変化についても、ざっくりと大雑把な概要を書いてみた。ここまで説明すれば、そろそろ本題に入ってもいいだろう。

僕がこれから書きたいこと、それは、この旅行業界やガイドブック業界が、二〇〇〇年代に入って以降、ネットやＳＮＳ、ＩＴ技術の進化やスマートフォンが普及したことの影響などで実際にどのような変化を遂げてきたか、あるいはこれから、本格的なＡＩ時代やヴァーチャルリアリティ技術の発達を迎えて、この先どう発展していくのかとか、その手の業界の行く末や未来を予測すること、ではない。

いや、もしかしたら書いているうちに興が乗って、ついつい筆が滑ってときどき言及してしまったりすることもあるかもしれないけど、基本的に僕がここで書きたいこと、それは、自分なりに一人の旅人としてこの業界の一端に関わってきたがゆえに気が付いてしまったこと、普通の人があまり気にしないかもしれないけど、案外重要な旅というものが持つ、ある特性や性質について、である。

それについて書くということはつまり、旅の本質的な意味というか、旅が人生に及ぼす影響と意義というか、旅と人生の関係というか、もっと噛み砕いて簡単にまとめて一言で言ってしまうと「旅とは何か?」ということについて書く、ということでもある。

もっとも、そういうテーマを純粋哲学的に頭の中だけの議論として書いていく、というつもりもない。できるだけ具体的に自分の体験も交えて「旅」の本質に迫っていきたい。

〈初出〉「web 春秋　はるとあき」（https://haruaki.shunjusha.co.jp/）での連載
「ぼくらはまだ、ほんとうの旅を知らない」（2019年 1 月〜2021年 9 月、
全13回）

旅路の果てに――人生をゆさぶる〈旅〉をすること

ミャンマーのとある川。黄昏どき、黄金に輝く川面にシルエットで浮かび上がった人影が気に入ってシャッターを切った

第Ⅰ章　旅とは何か ということについて

1　コニー、旅について語る

シンガポールから来たコニー

僕が初めて「旅」という行為の面白さに惹かれ、自分も旅に出てみよう、と思うようになったきっかけは、プロローグで書いた通り、たまたまインド訪問の機会があって、そこで、それまで知ったつもりでいて実は全く知らなかったインド世界の奥深さというか、ハチャメチャさというか、具体的に個々の事象の詳細には立ち入らないが、それまで生きてきた狭い世界の常識を覆されるような体験を色々させられて、自分がいかに世界を知らなかったか、ということに開眼したからだった。

もちろん、きっかけがどうあれ、旅に出るようになったからと言って、それですぐに「旅とは何か」ということの意味が分かりはじめた、なんていうことは全くなかったし、そもそも、最初の頃は、旅に出ること自体が単純に面白いからそうしていただけで、自分の行為の意味、つまり旅に出ることの意味について自分自身に問いかけるなんてことはしていなかった。

登山に興味がない人が山男によくする「なんで山に登るの?」という定番の質問に、これまた定番の「そこに山があるからさ」で返答するような感じで、そこにはまだ行ったことが無いから行ってみよう、というような感覚で旅に出ている状態だったのだ。

それでも、自分のように、どちらかというと、いわゆるバックパッカー的なスタイルで旅に出るのと、普通にパックツアーとかで観光旅行をするのとでは、同じ「旅」とか「旅行」と言っても、単なる外面的スタイル以上に実質的に何かが大きく違う、ということは感じていた。


そんな僕が、わりと真剣に、といってもちょっとだけだが、旅について考える最初のきっかけとなったのは、最初のインドの旅からいったん帰国して、二度目の旅に出たときに、たまたまタイのバンコクで知り合った、シンガポールからの旅行者だという女の子との出会いだった。

シンガポールといえば、今でこそ一人当たりの国民所得が日本を追い抜いた金持ち国家で、マリーナベイ・サンズに代表されるような、近未来的な施設もある先進的都市国家というイメージがあるかもしれないが、その当時はまだ九〇年代も初頭から半ばという頃だったから、日本のほうがまだまだ金持ち国家だったし(今でも国家規模から言えば日本の圧勝ではあるが)、個人的には、シンガポールかぁ、確か東南アジアでは優等生国家だったよね、最近は結構発展してきたって聞くよね、という程度の認識しかなかった。

単純にシンガポールの人口が少ないということもあるが、いくらタイが世界中から旅人が集まる観光国家といえども、シンガポールからの旅行者に出会うことはまだ比較的珍しかったように思う。だから自分の勝手な印象として、シンガポールだってまだタイよりちょっとましな程度で、途上国から完全に脱していないはずなのに、旅に出る女の子（それも彼女は一人旅だった）がいるんだと思ってしまい、その女の子の言動には普通以上に興味を惹かれた部分があったのだ。

その女の子の名はコニーといった。コニーは丸顔の童顔で、背丈も標準よりちょっと低く、高校生、いや中学生くらいに見えなくもなかった。もしも本人が自分で高校生です、と自己紹介していたら、たぶん何の疑いも持たずに信じていただろう。実際にはその当時、大学を卒業するとかしないとかで、社会人になる直前だったような話をしていた記憶がある。だから女の子という書き方はあんまり正しくないのだが、見た目が幼かったので、僕の印象ではコニーは女の子だったのだ。

コニーとは空港で出会って、そのまま市内中心部に向かう同じバスに乗った。彼女がシンガポール人だから、ということだけではなく、そもそもこの当時はアジアを旅する日本人以外のアジア圏の個人旅行者に出会うこと自体が割とレアケースだったのだ。しかも女の子の一人旅というのは、なおのこと珍しく、彼女がどんな旅をするのか興味が出てきて、そのままけっこうな長話をすることになり、彼女のほうも、その当時はまだ金持ち国家の印象が強くあったはずの日本から来た個人旅行者ということで、僕に対して多少の興味を持ってくれたようで、話のなりゆき上、ほんの少しの間だったが、結局、バンコク滞在中に一緒に市内を観光することになったのだった。

その後、どこでどう待ち合わせをしたとか、細かいなりゆきまではよく覚えていないが、とにかくお互いの宿に荷物を置いてから、待ち合わせして食事に行く、ということになった。

僕はと言えば、その当時、東南アジア方面なら何処に行くにも、バンコクは安い航空券を仕入れたり、旅に身体をなじませたりするのに便利だったので、最初の旅のときと同じように、ここで格安航空券を買ってインドに向かうつもりで立ち寄っただけだった。

そんなわけで、何処に行くか、何をするかは、自然とコニーの希望を優先することになった。実際、彼女には行きたいところ、やってみたいことがそれなりにあるようだった。

もしも彼女が欧米から来た旅行者、たとえばドイツとかイギリスからの旅行者なら、バンコクのどういう場所に興味をもって、どういうスタイルで旅をするのか、比較的容易に想像できただろう。僕はその頃にはもう、何人もの欧米からの旅行者との邂逅を通して、彼らがどんな人たちか、ある程度の認識は出来ていた。

しかし、シンガポールについての実際的な知識がほとんどなかった僕は、最初、シンガポールとタイなんて地理的にそれほど離れてないし、どっちも同じ東南アジアなんだし、それほど文化的にも大きく違わないだろうし、コニーにしてみたらバンコクを観光したってそれほどカルチャーショックを感じることもなく面白いとも思わないんじゃないか、と内心、勝手に思っていて、たぶん街に出ても、案外つまらない街ね、みたいな反応を示すんじゃないかと想像しながらコニーの様子を観察していたのだ。だが、この安易な想像はまるっきり覆されることになる。

とりあえず食事に行こう、となったのはいいのだが、どういうところがいいのかさっぱり思いつかないでいると、コニーは事前に調べてきたのか、近くに大きなフードコートがあると言い出して、そこを目指すことになった。

その当時のバンコクは、BTS（スカイトレイン）や、MRT（メトロ）もまだ出来ておらず、もともとの都市計画が貧弱だったまま急速に発展したせいもあって、市内の道路はどこも、幹線道路だろうと（だからこそ、と言うべきか）交通渋滞がひどかった（今でも十分ひどいが）。また、最近は減ったようだが、旧式の日本から輸入した中古車もまだまだ多く走っていて、バスも排気ガスを撒き散らし放題だったし、そのせいか、道沿いの建物は、間口付近は壁といわず柱といわず、ススで黒くなっているのが普通で、そんな環境でも、ちょっと人通りが多い繁華街近くの歩道脇には、通行人目当てに、甘辛いタレを掛けるタイ式の焼き鳥やら、平たく潰して串焼きにした焼きバナナやら、見た目はタコ焼きみたいなくせにココナッツが入った甘い焼き菓子やらの屋台が軒を連ねるという、今でも一部おなじみの光景が広がっていた（最近になって、規制で排除されつつあるらしいが）。コニーが泊まっていた宿からフードコートへは、それほど距離はなかったが、話しながら歩いていくと、そんなエネルギッシュでプチカオスな典型的な東南アジアの街並みを目にすることになる。

そのときのコニーは、排気ガスで汚れた空気や街の衛生面にちょっと引きつつも、どこかのテーマパークで新しいアトラクションを見つけたときのような反応、とでも言えばいいのだろうか、たぶん自分も初めてバンコクの街並みを歩いてみたときに感じたような、そして自分以外の日本や他の先進国から来た旅行者もみんな感じるであろう、ちょっと冒険心を刺激されたときのような反応を示した。

たとえば、ひどい交通渋滞の上に、その辺りは横断歩道が少なく、どうせ渋滞のせいで車が走ってるのかどうかもよく分からない状態だったので、地元の人の後を付いて適当に道を横切って渡ろうとしたことがあった。するとコニーは、今まで一度もそんなことをしたことがない、とでもいうような慌てた様子で怖がりながら道を渡り、渡り終わると、さも大冒険をした、とでもいうようなはしゃぎ方をして見せたのだった。

くどいようだが、僕はその当時、シンガポールにはまだ行った事がなかった。加えて当時はインターネットが普及する前だったから、今みたいに検索すれば簡単にどんな国なのか分かるという環境でもなかった。だからと言って自分の無知と誤解を弁護するわけではないが、コニーの反応を見ていて、シンガポールという国がどの程度の発展段階で、どんな街なのか、やっと自分の勘違いというか、自分がいかに誤解していたかに気が付いたのだった。

つまり、たぶんシンガポールはタイとは比べられないくらい環境意識が高くて、街並みは洗練されていて清潔で、少なくとも交通渋滞もさすがにバンコクほどではないところなのだろう、ということがコニーの反応から手に取るように分かったのだ。

その後に訪れたフードコートや、そこでの食事には、これといってあまり大きな反応がなかったような気がしたから、それらに関しては、きっとタイとそれほど大きく違わないものもシンガポールにあるのだろう、というところまで想像できてしまった。

都市国家の旅行事情と旅へのこだわり

コニーとはその後、どんな話をしたのか、何しろもう二〇年以上前のことなので、事細かに覚えている訳ではないが、確かこんなことを言っていた。

いわく、シンガポール人は旅が好きで外に出たがる。小さな島の都市国家で国土が狭いし、法律も厳しいいし、ずっと国内にいるのは監獄に入れられているみたいで退屈だ。自分も旅が好きで、以前はチェンマイのさらに山奥の、山岳民族のいるところに行った。将来は海外で暮らしたい、日本も良さそうだけどやっぱり米国かな。などなど。

日本もよく、自国に対して「小さな島国」という言い方をするが、シンガポールの小ささ、狭さはその比ではなく、なにしろ国全体が東京二三区よりちょっと大きい程度しかないのだ。

自分もそういう狭い国に生まれていたら、やっぱり外に出たいと思うだろうな、などと漠然と感じながら話を聞いていた記憶がある。冷静に考えてみたら、その程度の広さだと、ちょっと車を走らせたら、すぐに国土が尽きて海に落ちる、というのは言い過ぎとしても、隣国（陸路ではマレーシアしかないが）に出ないといけないことになる。おそらく日本みたいに国内旅行をゆっくり楽しむという概念もなく、ちょっと遠出をしようと思うと、国境を越えることになり、即パスポートが必要ということになるに違いなかった。

コニーとの会話自体は、今にして思えばどれもたわいのないもので、他に印象に残っている内容としては、日本で自家用車を買うといくらくらいするのか、とか、僕が車を所有しているかどうかを聞いてきたことくらいだろうか。僕は当時も今も、車には全くと言っていいほど興味が無く、車は持って無い、と答えると、あなたにとって買えないほど高いのか、と聞いてくる。対して、自分は日本では確かに貧乏人の類だが、買おうと思えば中古車くらいなら今すぐ買える、でも興味がないから買わない、と説明すると、コニーは何か言いたげな、納得いかなげな顔をしてみせたのだった（結局それ以上は何も言ってこなかったが）。

後になって知ったのだが、シンガポールでは車を持つことに制限があるとかで、普通の乗用車でも庶民にはなかなか手が届かないほど高いらしく（確か日本の軽く三〜四倍くらいの値段になる）、それで自動車大国として名高い日本ではどうなのか、実際の庶民の感覚を知りたくて僕にそういう質問をしてきたということらしかった。

そんなコニーとの一連の会話の中でも、特に印象に残っているのは、コニーが時おり見せた彼女なりの旅に対する強いこだわりだった。

すでに書いたとおり、コニーはバンコク市内は初めてだが、チェンマイのさらに奥地の村まで、山岳民族を訪ねたことがある、と言っていた。チェンマイというのはタイ北部の古都で、山岳地帯の入り口の避暑地としても有名だ。また、その周辺の山奥に点在する村々には、今でも素朴な伝統に沿った暮らしを営む少数民族が住んでいるとかで、トレッキング・ツアーと称してそれらの村々を巡るのが定番の観光コースになっている。その当時、僕はチェンマイにはまだ行ったことがなく、山岳民族にも特に興味が無かったから、その話が出たときにも何気なく「時間はどれくらい掛かった？　飛行機で行ったの？」と生返事をしたような覚えがある。ところがそれを聞くとコニーは、さも分かってない、という感じで首を振り「違う！　飛行機なんか使わないわ。飛行機で行ったら旅じゃないじゃない！」と否定してきたのだった。

「飛行機で行ったら旅じゃない」というのは、いかにも極論だし、反論の余地が大ありのはずなのだが、いざ反論しようとしても、普段から旅に関して特に深く考えてこなかった自分には、すぐにはうまい言葉が出てこなかった。それに正直に言うと、コニーの言わんとする意図も全く分からないでもなかった。

というのも僕自身、最初の旅でインド世界を回ったとき、隣国のネパールを目指したことがあって、そのときに自分が選んだのも飛行機を使わない、バスで山間を上るルートだったからだ。飛行機を使おうと思わなかったのは、そのほうが山岳からの眺望も、途中の村々の景観も一緒に楽しめそうだ、というのが第一の理由で、ついでに日本では出来ない、陸路で国境をまたぐということも経験してみたかったというのがある。別にお金を節約したかった訳ではなかったし、同じようなインド周辺国でも、スリランカを訪ねたときは飛行機を使った（節約するなら船で渡ることもできた）。

それによく考えると、コニーだって今回は飛行機でバンコクに来たはずなのだ。ということは、陸路でのチェンマイへの旅は、コニーの中で何か特別な意味があったのだろうか。そのときは聞きそびれてしまったが、思うに、ただ飛行機で山奥の方まで移動した、では単に山岳民族の見学ツアーに行ってきた、となるだけだけど、そうではなく自分はもっと違う意味で旅をしたんだ、ということなのかも知れなかった。

しかし、彼女の言うとおり、飛行機に乗って移動するのは、文字通り旅の目的地への「移動」に過ぎず、旅そのものではないのだろうか？

船や鉄道、バスとかの移動なら、移動も旅という行為の中に含めることができるように思うが、その場合は飛行機での「移動」と何が違うのだろう？

いや、そういう風に考えるなら、そもそも単なる「移動」と「旅」の違いとはなんだろう？

そう言えば「観光」も「旅」とは違うけど、何が違うと「旅」になるんだろう？

「旅」と「移動」との違い。「旅」と「観光」との違い。どんな要素、どんな条件を満たせば、それを「旅」と呼べるようになるのか。旅の本質とはいったい何なのか。

もちろん、コニーとの出会いが、こうした問いが生まれたすべてのきっかけだった、とまでは言わない。それまでにも、はっきりと言語化して意識していなかっただけで、旅という行為がもたらす人生への影響についてはそれなりに考えてはいた。

「旅」は対話にも似ていて、行く先々で新しい問いを投げかけられる。現地で出会う人たちの立ち居振る舞いに驚かされて、かの地の文化、習慣、風俗に疑問を感じたり、逆に自分が当然と思って行ったことが、思わぬ反発や誤解を招いてトラブルの元になったり、あるいは旅の途上で出会い、すれ違った、先達としての旅人たちとの会話の中にも、人生の理解を助けてくれそうなインスピレーションに溢れた文字通りの「対話」の要素があったように思う。

ただ、旅の中で出会う疑問や人生の課題はさまざまで、その対話が旅そのものの意味に向けられたことは、コニーに出会うまでなかったように思うのだ。

だからと言って、このきっかけを機に、すぐに旅について考え始めて、すぐにその結論を出そうと思索を深めたかというと、そういうわけでもない。

部分的な答え、あるいは個人的で、自分にだけ通用するような答えなら簡単に見出せるかもしれないが、ともすれば定義が人によってまちまちである「旅」みたいな概念に対して、普遍的で、時代も文化の壁も超えて通用するような、誰もが納得できるような本質的な答えを出そうとすると、結構な難題になるに違いなかった。

そして、この頃には僕は、こういう間口が広くて捉えどころが難しい概念に対して、いわゆる一般的な意味での分析的手法による考察で立ち向かうのは、却って問題を複雑にして、ますます本質から離れた結論に向かうという「思考」の陥穽があることに気が付き始めていた。

ということで、その当時の僕は、コニーとの「対話」で旅に関する疑問が心に浮かんできたときにも、とりあえず、それは心の片隅に留め置く程度に覚えておいて、確かシンハ・ビール（タイのビールです）あたりをひっかけて、ヒントになるような別の問い掛けが現れるまで放っておこうと、のんびり待つことにして寝床に横たわったのだった。

なお、コニーとの出会いの話にはまだ続きがあって、それに関しても書くつもりだが、とりあえずは、通常の思考方法や分析手法がなぜこの手の問題にうまく適用できないのか？　通常のアプローチがだめなら、では、どうやったらこの手の問題の本質に迫ることができるのか？　そのあたりのことについて、もうちょっとだけ深めに掘り下げながら、話を進めていくことにしようと思う。

2 実質的意味と旅の本質

言葉が指し示すもの

この世には、その実質的な意味、あるいはその本質、もしくはその指し示す実体を、誰もが簡単に思い浮かべ、かつ具体的に定義して説明することが出来る言葉（単語）と、皆が皆、その言葉の指し示す事象を実際に知っていて、実体験や実感もあるにも関わらず、その実体を説明しようとすると、急に確かな対象が思い浮かばなくなり、対義語の助けを借りないと定義すら出来ないような言葉、そしてその両者の中間のような言葉の別があるように思う。

こう書くと「なんじゃそりゃあ、そんな言葉の分類方法は聞いたことがない」と言われるかもしれない。僕も別に言語学を学んだわけではないので、そういう分類方法が実際にあるのかどうかは知らない（もっと洗練された方法がちゃんとあるんだろうけど）。

実をいうと、僕は自分なりに「旅」とは別のテーマとして、言葉の実質的意味の探求ということに、ずいぶん前から取り組んできた。といっても学問として研究したとかいうことではな

Travel photo gallery 1

Maha Kumbh Mela

マハークンブメーラの夜、ガンジスの河岸に浮かぶ見張り小舟には、まだ幼さが残るひとりの少年が乗っていた

人、人、人、そしてまた人。サンガムと呼ばれる聖なる河岸近くに、急ごしらえの街ができ、巡礼の人々が集まってくる

डा0 संजय कृष्ण "सलिल"
हाड़ौती राजस्थान नगर
कुम्भ मेला प्रयागराज

立派なお城のようにも見える集会所のような建物。よく見るとハリボテ

今にも戦闘が始まりそうな、スペクタクル映画のワンシーンのよう

本文ではあまり具体的な旅の描写はしていないが、本業が写真家ということもあり、せっかくだから、少しでもこれまでの旅の様子を体感できるような写真を紹介してみたい。ちょっとした写真集感覚で楽しんでもらえたらと思う。

まずはマハークンブメーラ。期間中、のべ1億人が訪れるという世界最大の祭りで、12年毎にアラーハーバードという街で開催される（写真は2013年のもの）。最終的にはガンジス川で沐浴することが目的の祭りで、ヒンドゥー教徒たちが川岸に押し寄せる様子を捉えてみた。少しでもインド的世界感が伝われぱと思う。

ガンジス川とヤムナー川が合流するあたり。急遽建物が出来たり、簡易の浮き橋が出現したりする

深夜０時をまわっても河岸から人影が消えることはない。文字通りオールナイト

沐浴し、祈りをささげる。その想いが具現化したのか、偶然にも手前の人のランプの炎がハート形に歪んで写った

く、ただ単に個人的な必要性からそうしていただけなのだが。

ということで、「旅」の本質を探るのがなぜ難しいのか、僕が通常の思考方法や分析手法がその探求に対してうまく機能しないと思っている理由を、言葉の「実質的意味を探る」ことを通じて説明してみたいと思う。


たとえば「健康」という言葉がある。さすがにこの言葉を知らない人はいないだろう。別に特殊な用途で使うわけでもなく、ごく普通に日常会話で出てくる言葉だ。もちろん特別に高度な抽象概念というわけでも無い。ところがこの言葉、ある理由によって、先に説明した「皆が皆、その言葉の指し示す事象を実際に知っていて、実体験や実感もあるにも関わらず、その実体を説明しようとすると、急に確かな対象が思い浮かばなくなり、対義語の助けを借りないと定義すら出来ないような言葉」に該当するのだ。

こう書くと、どこからともなく次のような反論が聞こえてきそうな気がする。

「ちょっとまて、確かに昔は、何をもって健康と定義するかは難しかったかも知れない。でも、科学が発達した現代なら、たとえば人間なら体温が三六～三七度以内で、脈拍が平常時で毎分六〇～一〇〇回程度、血圧なら上が一三〇、下が八五 mmHg 未満とか、条件をリスト化していけば、何が健康の条件かくらいのことは定義することができるんじゃないか」と。

正論に聞こえるし、専門家が細かく条件をリスト化すれば、それなりに使える定義が出来そうにも思える。ところが、こういう定義方法は、ある理由があってうまくいかないのだ。

理由のひとつは、そのような条件は十分条件ではあるかもしれないが必要条件ではない、というのがある。たとえば、リスト化された条件をすべて満たしているのに、大怪我をして神経を痛め、半身不随で寝たきりになっている人だっているかも知れないし、遺伝的な疾患で、他は完璧な状態でも身体のどこかにピンポイントの不具合がある人だっているかもしれない。

ただ、この程度の説明だと、さらに反射的に次のような反論が飛んでくるかもしれない。「分かった、分かった。じゃあ必要条件もリスト化しよう。神経に障害がないこととか、インフルエンザに罹ってないこととか、何らかの持病がないこととか、それこそ全部の疾患、病名を明記して、それらの病気に罹っていないこと、とすればいいんじゃないか」と。

これに対しては、実際にその条件をリスト化するには、この世に存在するだろう、ありとあらゆる病気や不具合の名称を全部リスト化する必要があって現実的ではない、と答えるだけで十分だろう。

つまり、そんな風に定義するくらいなら、最初から「健康とは、心身に病気や不具合などがないこと」と対義語の助けを借りて一言で定義してしまったほうがよっぽど早い。実際、健康の意味を広辞苑で引くと「身体に悪いところがなく、心身がすこやかなこと」と出てくる。

「すこやか」とは、「健康」の昔ながらの別の言い回し（厳密には「良好な健康状態」に限定した言い回しだろうと思うが）だから、言い方を変えただけで、要するに「健康」という言葉は、一般に「良い健康状態」を指して使うんだよ！　健康とは、要するに良い健康状態のことなんだよ！　と、ほとんど何も説明してないに等しい説明だと気が付くだろう。

また、中には世界保健機構（ＷＨＯ）の次のような定義を持ち出してくる人もいるかもしれない。ＷＨＯによれば、健康とは「身体的・精神的・社会的に完全に良好な状態であり、たんに病気あるいは虚弱でないことではない。」ということになっている。

しかしこれだって「完全に良好」とは具体的にどういうことなのか説明していないので、僕が求める言葉が指し示す実体、つまりこの場合は「完全に良好な状態」とやらの実体が具体的にどんな状態であるか、あるいは何がその完全に良好な状態をもたらす要因なのかは不明なままだ。

ここまで説明しても、僕が何を言いたいのかよく分からない、あるいは主張そのものにいまいち納得できない、という人も多いと思うので、もうひとつ同じような性質を持つ言葉、「健康」と同じグループに属する（と僕が勝手に思っている）「安全」という言葉を例にとって説明を続けてみたい。

「安全」は実在するか?

実は「安全」という言葉に関しては、数年前、とあるWEBメディアで、今回の事情を説明するのにぴったりの記事を見つけたことがあるので、まずはその記事を紹介させて欲しい。

その記事のタイトルは『「具体的な『安全』は存在するのでしょうか?」安全を追求するJALの機長が語る驚きの事実と絶対安全に向けたJALの取り組みとは?』というものだ。

この記事の趣旨としては、インタビューを受けるJALの鷗谷機長が、WEBメディアの編集部員記者に対して、JALは「安全」というものをこんな風に捉えていますよ、航空業界の安全対策というのは、こんな風に考えられて運用されているんです、という説明をするというもので、最初から言葉の定義をするのが目的ではないのだが、だからこそ「安全」というものが絶対的に必要とされる空の現場、あるいは航空業界の管理の現場において、空理空論ではない、本当の意味での「安全」の捉え方が分かって興味深いのだ。

記事の中で、機長はまず記者に対して、「危険」とは具体的にどんなことか、どういう事象が危険として思い浮かぶか、という趣旨の質問している。

記者はその質問に対しては、たとえば刃物とか、事故だとか……場合によっては「人」が危険につながることもありますね、と無難に返答している。僕なら飛行機内であることを前提に、発火物とか発煙するもの、リチウムイオンバッテリーとか、気化しやすい毒物全般と答えるかもしれない。誰でも「危険」なものが何か、と聞かれれば、それなりに一つや二つはすぐに具体的な事象が思い浮かぶんじゃないだろうか。

さて、問題はここからである。機長は記者のこの返答に満足して、次の質問に移るのだが……以下、記事から両者のやり取りをそのまま引用してみる。

鶴谷　〔…〕では逆に具体的な「安全」というのが何か、具体例を挙げることはできるでしょうか？

……こう尋ねられてハッと気がついたG－GAZ－NE編集部員。確かに「危ないもの」は簡単に頭に浮かぶのですが、いざ「安全なもの」といわれてみると驚くほど何も思いつきません。自動車や電車、普段使っている道具、電気、ガスコンロなど、たとえ「安全」とされていても、そこには何らかの割合で必ず「危険」が隣り合わせで存在しているように思えてきました。

G　いや、何も思いつかないですね……強いていえば、「危険なものがない状態」ということになるでしょうか？

鶴谷　そうなんです、いま思われたように、実は「安全」といえる具体的なものはないのです。危険には具体的なものがあります。しかし、安全に具体的なものはなく、「ある状態にあること」を安全である、と呼んでいるのです。

（〝「具体的な『安全』は存在するのでしょうか？」安全を追求するＪＡＬの機長が語る驚きの事実と絶対安全に向けたＪＡＬの取り組みとは？〟ＧＩＧＡＺＩＮＥ）

僕がこの記事を読んだ当時、記事に出てくる安全という事象の捉え方が、以前から自分が取り組んできた言葉の実質的意味の探求の仕方と、一部よく似ていたので、我が意を得たり！とひざを打ってブックマークをした覚えがある。

「健康」もまた、具体的にこれが健康ですよ、と取り出して説明することが難しい言葉だ。そして、そうなる理由も、この記事の「安全」とよく似ている。安全を脅かす対義語である「危険」は、いくらでも具体的な事象を列記できるし、こと細かに何がどう危険なのか説明できるだけではなく、その危険度を数値化することさえ出来るだろう。同様に、健康の対義語である病気（厳密には病気だけを対義語とするのは正しくないが）も、その名称、具体的な症状、原因や危険度をこと細かく描写することが可能だ。

追記しておくと、記事によればこのような「安全」の捉え方はＪＡＬに特有のものではなく

『国際民間航空に関する機関であるＩＣＡＯ（国際民間航空機関）によって決められているもので、安全とは「危険因子（ハザード）の特定およびリスク管理を継続して行うことによって、人への危害あるいは財産への損害のリスクが受容レベルまで低減され、かつ受容レベル以下に維持されている状態」』と定義されているのだそうだ。

ちなみに僕は「健康」や「安全」以外にも、「自然」「幸福」「正義」「善」などは同じグループに属する言葉と思っていて、僕の中ではそうなる理由もはっきりしている。そして、これらの言葉がなぜ同じ性質を持つのかを説明するには、先の記事内でＪＡＬの機長が説明していたような説明だけでは十分ではないことも知っている。でもこれ以上、その理由までここでまとめて説明しようとするのは、寄り道がすぎることになりそうなので、話題を投げっぱなしにして申し訳ないが、そろそろ「旅」の意味を探る話に戻ろうと思う。

……と、この項を書き始めた当初はそう思っていたのだが、あることがきっかけで急に気が変わった。多少の脱線覚悟で、もうちょっとだけ、さわりの重要部分だけになるが、そうなる理由の説明を簡単に続け、最後に気が変わった理由も追記しておく。

細かい話を抜きにして結論だけ先に書いてしまうと、先の言葉が同じような性質をもつ理由とは、その言葉の本質が「全体性」として捉えたときに初めて意味をもつ言葉、だからなのだ。

たとえば、あなたは一部分だけの「健康」について聞いたことがあるだろうか？　誰かが「自分は実は胃がんになってしまって治療中だけど、それを別にすれば他の部分はすごく健康なんだ。」と言ったらどう思うだろう？　違和感を感じないだろうか？

よくよく考えれば、そもそもの最初から、「病気」とは心身の一部の不具合に起因する部分的なものであり、それに対して「健康」とは、心身の調和など全体のバランスが取れた状態を表す言葉、という暗黙の了解みたいなものがあることに気が付くのではないだろうか？

「安全」の場合、先のＷＥＢメディアの記事は、安全そのものというより、それを脅かすことになるかもしれない危険の、さらにその「可能性」を考慮に入れた話になっているので「健康」の場合と事情が違うように見えるかもしれないが、実際には安全と危険の関係も、全体と部分という意味では同類の言葉なのだ。

つまり「健康」や「安全」は全体性を前提にした言葉で、その対義語の病気や危険は、常にその全体性のバランスを脅かすような部分的な要因に関する言葉なのである。

同じように「自然」「幸福」「正義」「善」などの言葉も、全体性を考慮して捉えて、はじめてその本質や意味が分かるような種類の言葉だと僕は思っている。

ここまで説明しても「なるほど。全体性を前提に捉えてはじめて意味を成す言葉がある、というのはなんとなく分かった。でもそれが今回の〈旅〉という言葉の意味の探求の仕方とどう関係があるんだ?」と言われそうなのでもうちょっとだけ説明を続ける。

全体性は指し示せるか?

問題は、全体性を前提にして初めて意味を成す言葉というのが、思考や論理で捉えることが難しく、その逆に、それらの言葉の対義語は、部分的要因に関する言葉なので簡単に思考で捉えて分析することが可能だ、という点にある。

そもそも「思考」というものは、物事を対象化して名付けをして、部分として切り出して定義するところからしか機能しないものではないだろうか? また「論理」というものも、AはAでありBではない、に始まる、事象の「分別」を大前提として成立しているもののように思える。

このことがどう「意味」や「本質」の探求において重要なのか。出来るだけ簡単に分かりやすく、かつ短い紙幅で説明できないか考えていて、この状況を表すぴったりの寓話を思い出した。

古くからインドに伝わる「群盲象を評す」という寓話だ。この話は仏教にも取り入れられていて日本でも仏教説話として知られているから、どこかで聞いたことがあるという人は多いと思う。イスラーム教や他の宗教でも取り入れられているようだが、話の筋はだいたい以下の通りだ（仏典に出てくる話を元に独自にアレンジしています）。

あるところに王様がいて、象を飼っていた。王様はあるとき、とあることがきっかけで、盲人たちが世界をどう捉えているのかに興味を持ち、数人の盲人たちを宮殿に招待した。

王様は、盲人たちが捉える世界の様子を知るには、それぞれ皆が今まで見たことがない（触ったこともない）象に引き合わせ、各自がどう捉えるのか試してみるのが良さそうだ、と思い立つ。

そこで集めた盲人たちに象を好きに触らせて、象とはどういうものか、それぞれに報告させることにした。

連れてこられた盲人たちは実際に生まれて初めて象を触ってみるのだが、あるものは象の耳を触り「象とは扇子のようです」と答え、足を触ったものは「象とは柱のようです」と主張し、腹を触ったものは「太鼓のようだ」と描写し、以下、脇腹は壁のよう、背は高い机のよう、頭は何か大きなかたまり、牙は角のよう、鼻は大蛇のよう、尻尾はロープのようだ、とそれぞれに自分の触った部分からの印象だけで象を評し、自分だけが正しいと主張した。

王は最初、興味深く報告を聞いていたが、各自がそれぞれ自分の描写が正しいと言い争いをはじめたので「皆の主張はそれぞれが正しい。主張が食い違っているのは、触った部分が別々だからだ」と、象の大きさと、皆が触った箇所が少しの部分でしかないということを教えさとした。

……と、まあ、こんな話である。

仏教説話という観点から解説するなら、この寓話に出てくる盲人とは、われわれ凡夫のことを指しているのは明らかだろう。その場合、象は「真理」や「仏性」の象徴ということになる。もちろん、われわれ凡夫は、自分では自分のことを盲人とは思っていない。自覚がないまま、あらゆることを思考や論理の手探りで解明できると思っている。というより、そもそもそれが盲人の手探りのような行為である、という自覚がないし、普通はそれ以外に外界を評価する手段を持たない、とも思い込んでいる。そこのところをこの寓話は「そんな手探りみたいな方法では一部分しか分からないでしょう、真理はそのような方法では見ることさえ無理ですよ」と教えていると思うのだ。もちろん、これはもともと寓話だから様々な解釈が可能だし、人によって説明の仕方も違うとは思うが。

つまり、僕が言いたいことをこの寓話に当てはめるなら、「旅」に限らずだが、あることの実質的意味を真に理解しようとするとき、「思考」や「論理」は盲人の手探りと同じ程度の道具としてしか機能しない可能性がある、ということなのである。

で、なぜこの話題をここまで掘り下げて説明したのか、ということだが、実はこの項を書いている最中、たまたまとあるＴＶ番組の録画を見てしまったからなのだ。

その番組では、最近、世界的ベストセラー（邦題：『世界はなぜ存在しないのか／マルクス・ガブリエル』）を著した新進気鋭の若き哲学者の論説を紹介していて、最後はその哲学者自身が自説解説のあと、画面に向かって「世界ハ存在シナイ！」とドヤ顔でキメ台詞を吐くというものだった。

番組の初見時には「世界は存在しない」のインパクトが強すぎて、本当には何を言いたいのかよく分からなかったが、よくよく見直してみると、この若き哲学者の言いたいことはだいたい次のようなことであるらしいと分かった。

番組内では、後半、哲学と歴史の流れを対比させて論じたあと、ポストモダニズム以降相対主義が社会全体にはびこっている。そのことが、たとえばトランプの台頭を許した、みたいな話になっていて、自身の言葉で彼は次のように発言している。

「……ポストモダニズムはメディアに新しいコンセプトをもたらした。おぼえていますか？　ポストモダニズムの根本にあるのは、われわれは現実を見ることが出来ない。映像の外に社会的な現実などない。存在するのは隣り合う鏡だけだ、という概念でした。今こそ鏡を投げ捨て前に進むときです。」

「新実在論はこれまでのすべてに異議を唱えます。相対主義は真実ではない。モラルは存在する。」

「どんなに追求しても〈全体〉を見わたす神の視点など期待できません。〈全体〉性という考え方をやめれば全く新しい思考が生まれます」

（ＮＨＫ「欲望の哲学史　序章～マルクス・ガブリエル、日本で語る～」より）

つまるところ、行き過ぎたポストモダンの相対主義を批判しつつ、絶対的神の視点も同時に否定（世界は存在しない）して、意味のあるものをすべて実在と認め、その事実を元にしたモラルの復活を唱えている、ということらしい。

「全体性」と「個別性」の関係についての解明は、古くからある哲学的テーマのひとつ思うが、現代西洋哲学が、ここまで個人（主観）主義と相対主義に侵食されて混乱しているとまでは知らなかった。

僕自身は真に価値のあるものは「幸福」にしろ「善」にしろ、全体性を考慮しないと意味を成さないと思っているわけで、いくら全体としての世界の存在を否定しようと、結局のところ個別的視点を基にした「思考」によって実在を規定しようとしている限り、「これは幻想ではなく実在なんだ」と必死に叫んでみても、真に意味をなす「モラル」は実現できなだろうに、と思ってしまう。

ということで、この若き哲学者がここまでしても、まだ依然として「思考」という道具を最上の探求手段に置いていることが気にかかって一言書きたくなった次第。

ネット上ではこの新実在主義的解釈を西田哲学と対比して論じる向きもあるようだが、西田哲学における「絶対無」は、容易に「絶対有」に転換しうるものなので、さすがにそれは無理があるだろうと思う。

なお、「旅」という言葉が全体性にかかわる言葉と同じグループなのかどうかは別途検証していく必要はあるだろう。ということで次節では、言葉の意味の構図について解説していく。

3　表面的な現象と「根っこ」にある意味

旅の構図をイメージしてみる

「旅」という言葉の意味を自分なりにイメージしてみると、それは一本の樹のような姿であるように思える。それはどっしりと、結構な大きさの幹をもつ立派な樹木のようで、あらゆる方向に枝を伸ばし、数え切れないくらい多くの葉をつけている、というイメージだ。

あらかじめ断っておくと、これはあくまでも意味の構図を個人的にイメージしてみたというだけの話で、旅そのもののイメージという訳ではないし、構造主義的に旅という行為を定義しようとか、パターンランゲージの手法を適用しよう、などという試みでもない。

この樹が、旅の意味の構図を表す樹であるとするなら、幹の部分には、当然「移動」と書かれていることだろう。枝はその「移動先」や「目的地」を表し、葉の部分にはその移動先での実際の「行為」が描かれているに違いない。そして、ときどき行為の結果として、枝先の葉の間に花が咲いたり実がなっている、という具合だ。

言葉の意味をそんな風にたとえることが出来るなら、何も「旅」だけじゃなくて「観光」や「出張」も、多かれ少なかれ同じような構図に収まるんじゃないか、と思う人もいるかもしれない。観光だって旅と同じく移動をともなう訳だし、その移動先や目的も様々で、食事したり買い物したりと、その先々でやるであろう行為も、ある程度は共通している、と。

もちろん、それはその通りだし、それどころか、他にも同じような構図に収まる言葉ももっとあるかもしれない。

ただし、旅の樹には一点だけ、それら他の言葉の樹とは大きな違いがあって、それが「旅」を旅たらしめているゆえんである、としたらどうだろうか？

思うに、その一点だけ違う箇所とは、きっと暗い土の下に隠された根の部分にあるに違いないのだ。もっとも、その根の部分というものが、具体的にどんなものか、今のところはまだはっきりとは分からない（ということで前節〈全体性は指し示せるか？〉で書いた話に沿って説明するなら「旅」は簡単に定義できる部分と定義でない部分をあわせ持つ中間の言葉ということになりそうだ）。

話を進める前に、この見えない「根」の部分が、地上の明るい誰の目にも分かる枝葉の部分とどう関連しているのか、まずはそこのところを、よく似た構図を持つ「観光の樹」でちょっとだけ探ってみる。

たとえば数年前までは、ニュースでよく聞く話題に、今月の訪日外国人数が過去最高を更新した、というようなものがあった。念のため、観光局（ＪＮＴＯ）の発表を調べると、二〇一九年二月（連載執筆当時）の訪日外国人数は二六〇万四千三百人、二月としては過去最高を記録したという。そんな急激に増え続ける外国人観光客のインバウンド需要に応えるように、各種メディアも、訪日外国人が訪れる意外な国内人気観光スポットなどを特集することが多くなってきた。

その手の特集で必ずといっていいくらい上位に紹介される観光スポットに「渋谷駅前のスクランブル交差点」というのがある。情報番組やニュースなど、ＴＶでも何回か取り上げられたことがあるから、それ見たことあるよ、という人も多いだろう。

渋谷のハチ公口にあるスクランブル交差点は、多ければ一日に延べ約五〇万人もの歩行者が行き来する交差点で、ピーク時には一度に三千人とも言われる歩行者が、四方八方からいっせいに対側に向かって流れ出すのだ。ところが、それだけ多くの歩行者が一気にそれぞれの方向に向かって歩いているのに、お互いに秩序を保ってぶつからない様に横断する様子が、外国人の目には面白く映るのだという。

そこで考えてみてほしい。この手のニュースに接する日本に生まれ育った我々日本人は、特に関東近県に住んでいる人なら分かると思うが、そんな場所を観光スポットに認定する外国人の価値観を不思議に思ったり物珍しく感じることはあっても、自分も実際に交差点に観光しに行きたい、と思うだろうか？

渋谷駅の周辺が再開発中で、駅前にも新しい商業施設が出来た、とかいうニュースなら、自分も行ってみたい、と思うだろうが、単に交差点の混雑がすごいからといって別に観光しに行きたいとまでは思わないだろう。いや、もしかしたら今後は、これまでにもあった価値観の逆輸入現象的なことが起こって、これだけ多くの歩行者が行き交う交差点は世界的にも珍しい、これはニューヨークのタイムズスクエアと並ぶ偉大な交差点だ、世界にプロモーションをかけていこう！　となるかもしれない。かもしれないが、しかし、仮にそうなっても、特に渋谷近辺に住んでいる人、通勤してる人、実際に用事があってあの交差点を日常生活の一部として横切っている人なら、あれを観光名所として宣伝したい、とはまず思わないはずだ。

もちろん、こういう例は他にいくらでもあるだろうし、日本人が海外に出て感動するような場所に、現地の人がまったく無関心だ、という逆のパターンもあるだろう。あくまでもパッと思いつく身近な例としてあげてみたわけだが、要するに、同じ場所で、同じ時間に、同じような行動をしていても、地元に住む住民の日常感覚と、海外から観光に訪れている外国人の観光感覚とでは大きく異なるわけだ。

それどころか、同じ旅行者同士でも、面白いと感じるポイントは人により、出身国家により、あるいはその旅行者がもつ文化的背景により、それぞれまったく違うことだってありうる。

単なる観光旅行でも多種多様なものの見方、感じ方があるのに、より個人的な現象と思える

「旅」なら、なおさら表面的な行動からは見えない、目に見えない心情や心理の中に何かがある、と思うのが当然だろう。

ということで、僕としてはその内的心情のあり方を土の中の「根」にたとえて、なぜそうなるのか、その仕組みがどうなっているのか、などを深く探っていきたいのである。

「そんなの簡単だよ！　いつもと違う非日常感が気分を高揚させているんだよ」と言われそうだが、先の例は、あくまでも観光に特有の「あるある話」ということで紹介しただけで、旅には旅の、単なる非日常感覚で片付けられない何かがあると思う。

だいたい、旅や観光のノウハウ、何処に行くべきか、そこに何があるのか、そこで何を体験すべきか、といった解説は、あくまでも誰の目にも明らかな「明るい部分」の話である。でもそういう幹や枝、葉っぱという、明るいところにある現象としての旅をいくら記述しても、旅の本当の面白さとか醍醐味は伝わらないんじゃないだろうか？

もちろん、まだ誰も行った事がないところ（そんなところがあればだが）に行って来たとか、ドラマチックな経験をしたとか、めったに出来ない冒険譚である、とかいうことなら、そういう紀行文は第三者的には「物語」として面白く読めるかもしれない。

でも、旅をする実際の当人たちは、誰もがそんなドラマチックな体験をするわけでもないし、旅人だからといって、誰もが秘境を旅しているわけでもない。

それどころか、何気ない旅先でのちょっとした現地体験が、なぜかその後の人生観に大きな影響を及ぼすこともあるかもしれないし、あるいは南の島のビーチでのんびり過ごしているだけで心の傷が癒された、ということもあるかもしれない。

街灯の下で「旅」を探す

実は最近、ちまたでは若者の旅行離れ、ということが言われているらしい。最近の若者はあまり旅に出なくなった、というのだ。若者の〇〇離れ、というのは一種定型化されていて、そのバリエーションは、いわく「若者のクルマ離れ」「飲酒離れ」「タバコ離れ」などなど、いくらでもあるのだという。

若い人からしてみれば、旅行に出ようにも、特に海外旅行なら最近は円安気味だし、給料も上がらないしで、そもそも先立つものがないよ！ というのが実情なのかもしれないが、もしかしたらインターネットとかの普及で、いくらでも現地の情報が手に入るようになって、大手マスメディアの方でも、表面的な「明るい部分」の情報しか流さないので、だんだん旅行に興味を持てなくなって来ているだけなのかもしれない。

実際、明るい部分の情報だけを使って「海外へ行けば一流レストランで本場の味を楽しめるよ」と勧めてみても「いや、ミシュランの星が一番多いのは日本だし、日本のほうがおいしいもの多いでしょ」と言われそうだし、「日本では出会えない絶景に出会えるかもよ！」とそそのかしてみても「そんなのインスタグラムで毎日見飽きてるよ」と返されそうだ。

ネットでいくらでも情報が検索できる時代になって便利ではあるが、この状況は、僕にとある寓話を思い出させる。それは次のようなものだ（記憶を元に再現してみた）。


あるところにナスレッディンという男がいた。あるとき、ナスレッディンは大事なカギを失くしてしまい、自宅の前の庭にかがみこんで必死にそのカギを探していた。

すると、運よくその近くを友人が通りかかってナスレッディンに話しかけた。

「どうした、何を探しているだい？」

「いや、実は大事なカギを失くしてしまってね」とナスレッディン。

それを聞いた友人は「それは大変だ」と一緒になってそのカギを探し始めた。

ところが二人がかりでいくら探してもカギは一向に見つからない。

「おかしいな。もっと正確に失くした場所がどこら辺だったのか覚えてないのかい？」

友人がそう訊ねると、ナスレッディンはこう答えた。

「ちゃんと覚えてるよ。失くしたのは家の中さ」

「なんだって！」と驚く友人。「じゃあなんで庭先で探してるんだい？」

「だってほら」と得意げに説明するナスレッディン。

「家の中は暗くってね。だから明るい庭先を探していたのさ！」

無くした「カギ」は暗い土の下の「根」っこの部分にあるかもしれないのに、みんな必死に「明るいから」という理由で、枝葉の部分を探している……

ちなみにこの寓話はトルコ起源らしく、僕の記憶の中ではイスラム教関連の説話として使われていると思っていたが、最近ではビジネスや経済関連の説明用にアレンジされ、「街灯の下で鍵を探す」という名前でよく知られているらしい。

ばかばかしいほど単純な寓話だが、確かにマーケティングやデータ分析が重視される現代社会では、ますますこのような「失くしたカギの探し方」を指摘する寓話の出番が多くなるのかもしれない。

実際、寓話じゃないが、確かに明るいところを探すのは簡単なのだ。それは前節（「全体性は指し示せるか？」）で説明した通り、明るい部分というメタファーで表されているものとは、要するに、はっきりと明確に分別し、名づけして、思考や論理で捉えることができる「部分」として表出している現象だからだ。

これに対して、暗い土の下の根っこというのは、それが何処につながっているか、どこまで延びているのか分からない事象といえるだろう。

思うに「知の探求」ということには、二つの方向があるのではないだろうか？

一つは、明るい部分を分別していく方向で、より小さく、より細かく、より詳しく分かろうとし、細かく分別すればするほど、より多く、より複雑に枝葉が茂るように「知識」が増えていく。

逆に暗い根の部分への探求は、奥に進めば進むほど、土と根の境目がいよいよ不明瞭になっていき、分けることが出来なくなり（実際は根と土は分けられる。あくまでも例えです）、言葉で言い表すことも難しくなる。何かと何かがつながっていることを「解る」というようなときには、つながればつながるほどに「解る」ことの数が減っていって、より少なく、より単純な「理解」だけが残っていく、という風に。

前者は突き詰めると、最終的には無限に膨大な部分に関する「知識」と、果てしなく続く複雑さへと至る科学的な知の探求ということになるだろう。それに対して後者は、最終的に、すべてが統合される故の、たった一つの言葉に出来ない「理解」に行き着くという、哲学的、もしくは宗教的探求になるのではないだろうか？

ということで、ようやくスタートラインに立てた感があるが、問題はどうやってその根っこを捜すのか、ということだ。

明るい部分の探求なら、それを分別する器具や手法さえあれば、いくらでも機械的、科学的に分析することも可能なのだが、暗い部分の探求に関しては、これまであまり一般的に、こうすればいい、というようなコンセンサスは無かったように思える。事の本質からして、そもそも機械的な手法が通用しない領域だからだろう。

もちろん、そういう内面的なことなら、直観やインスピレーション、あるいは天啓で解る、という考えもあるだろう。いわゆる自己啓発系のちょっと怪しげなノウハウを主張したり、体系的な修行や儀式もある、という人たちもいるかもしれない。

いろいろな意見があるだろうが、僕自身は正直、こればっかりは試行錯誤で探っていき、そこで出会った根っこの部分とは「違う」ところを否定して、より俯瞰的で統合的な理解を静かに待つしかない、という風に感じている。静かに待つ、というのは能動的に探ろうとするとうまくいかないからで、そうなる理由も追々書いていくつもりだ。

そして、実をいうと、具体的には「旅」の過程がまさにどんぴしゃ、この理解を探るにちょうどいい実証体験になる、と思っているのだ。

「旅」こそまさに、自分の持つ文化的背景と、他国とのそれがせめぎあい、その統合を必要とされる現場に投げ入れられたり、何かと出会って内なる感動を引き起こされて、そこから理解がひらめいたりという、暗い家の中の大事な失くしたカギを探るのにぴったりの行為といえるのではないだろうか？

既存の分かっている何かを否定して、より統合的な理解を、なんて書くと、なんとなくヘーゲルの弁証法に似ている、と思われるかもしれないが、「旅」もまた実体験的弁証法なんだよ！　と強弁して、次章からいよいよ僕自身が旅の体験から実際に感じた、暗い土の下に隠れている「根」っこについて書いていく。

マハークンブメーラに集まった民衆の中、夜の照明に照らしだされたイケメンの横顔。この祭りでの主役はサドゥー（修行者）といわれるが、民衆の姿にも感銘をうけてレンズを向けていた

第II章　旅の入り口

1 「知らない」ということの自覚　はじめてのバンコク滞在で

ガイドブック無しで旅立つ

最初に書いたとおり、僕はもともと「旅」に興味があったわけではなかった。だから本格的な旅に出る前、最初にインド訪問が決まったときにも、ガイドブックは持って行かなかった。あくまでも一時的な訪問で、あちこち見て回るつもりはなかったからだ（さすがに海外旅行一般の手続きについて書かれた小冊子程度は持って行った）。

今にして思えば若干無謀ではあったかもしれないが、これが良かったのだと思う。余計な知識がほとんどない状態でかの国を訪れたのだ。

その後、本格的に旅して回ろうと思ったときにも、特に事前に各地の下調べはせず、同じようにガイドブックの類も持って行かなかった。最初の訪問時の体験がなかなかに強烈だったので、このまま前提知識なしのスタイルで旅したほうが面白そうだと思ったからである（他にも理由はあるのだが、それについては後述する）。

　この当時、僕がどれほど海外旅行というものに関して無知だったのか、単に訪問国について知らなかっただけではなく、旅の流儀というか、旅行術に関してもまったくの素人だったのだが、もしかしたら、バンコクで最初の夜を過ごすことになったときのエピソードを書いてみれば、多少はその程度が伝わるかもかも知れない。

　九〇年代初頭は、いわゆるＬＣＣ（ローコストキャリア）などまだ無かった頃で、「格安航空券」というものが全盛を迎えようという時代だった（この当時の格安航空券とは、団体向けのチケットを代理店経由で個人に安くバラ売りにする、というもの）。そしてタイのバンコクといえば、ドンムアン国際空港（スワンナプーム国際空港もまだ無かった）が、東南アジア周辺国へのハブ空港として、その絶対王者的存在感を確立していた時期で、安く旅するならまずはバンコクに出て、そこから別の便に乗り換えて目的地に向かう、というのが普通のルートになっていた。

　このあたりまでの知識は、完全ではないにしろ、さすがにチケットを買わないことには出国できないのである程度は把握していた。といっても確かチケットを購入するときに代理店の人から、オープンチケットにするかどうか聞かれて、そういうものがあったのか！　と知った程度だったのだが。

　というわけで僕は、往復のバンコク行きのオープンチケットだけ入手して、インド方面へはバンコクで新たにチケットを購入するつもりで出国したのだ。

ということは当然、その先へのチケット入手のため、バンコクにも何日か滞在する必要があったわけだが、僕はタイにはそれほど思い入れがなく、どちらにしろ旅をするなら、前述した前提知識なしのスタイルがいいと思っていたので、当然のようにタイやバンコクのガイドブックも持って行かなかった。

おいおい、そんなんで大丈夫なのか？　と心配に思われた親切な人も多いかもしれないが、その当時の僕は英語力もたいしたことがなく、どうにか英語をしゃべってみても、タイではそもそも観光業者以外には中学生程度の簡単な英語でさえあまり通じないし、あらかじめ宿の予約もしていなかったので、さすがにそれほど大丈夫な状況とは言えず、現地に着いたとたんにどうすればいいのか、早速、途方にくれることになってしまったのだ。

当時はまだネットも無かったから、事前に予約するといっても代理店に頼むくらいがせいぜいで、わざわざ日本から予約できそうな高級ホテルに泊まらなくても、現地に行けば安く泊まれる宿くらいはあるだろう、と軽く考えていたのだ。

もちろん、バンコクに安宿は山ほどある。先に書いた通り、その当時の（今でもだが）バンコクは、世界各国からバックパッカーが集まり、まさに彼らのために用意されたといっていい、独特のスタイルの安宿が腐るほどあったのだ。

もしもこのとき、僕がなにかのガイドブックを持っていたら、すぐに「カオサン通り」とか「マレーシアホテル周辺」とか「中華街近辺」とか、その当時、すでに安宿街として有名になっていたエリアに直行したことだっただろう。

だが僕は、その有名な安宿街、特にバックパッカーの間ですでに聖地となりつつあった「カオサン通り」のことすら知らなかった。それどころかバックパッカー向けの安宿というのもがどういうものなのか、そもそも、そういうものが存在する、ということさえ知らなかったのだ。

やっと事態の深刻さに気がついて、僕が空港で必死に考えた末にたどり着いた安宿探しの秘策とは、ユースホステルを探すこと、だった。

旅なれた人なら、あるいは当時のバンコク滞在事情を知っている人なら、いや、ごく普通の旅行術をわきまえているという程度の人でさえも、これには思わず失笑してしまうところだろうが、安宿といえばユースホステルぐらいしか知らなかった当時の僕は、われながら「名案だ！」と思ったものだ。

まずは電話帳で、と思ったもののタイ語がわからないのですぐに断念したが、結局その日はこの名案？　のおかげで、なんとかタクシーを拾って市内のユースホステルに泊まることに成功した。

もっとも、そのユースホステルは、自分が思い描いていたものとはまったく違っていて、記憶が確かなら、中庭にプールもある、とても安宿とは思えない結構高級な造りの宿で、値段のほうも一泊三千円するかしないかくらいの普通にホテルと言ってもいいユースホステルだったのだ。それでも、まったく相場観がなかった僕は、東京近郊ならどんな安宿でも一泊六千円くらい（あくまでも九〇年代初頭の話）はするだろうから、高級な造りが気になったが、まあまあ安く泊まれたな、と満足していた記憶がある。

それって本当にユースホステルだったの？　騙されたんじゃない？　という声が聞こえてきそうだが、改めて調べてみると、その高級なユースホステルは今でも健在なようで、そこのところは決して騙されていたわけではない。

そもそもユースホステルは、本国ドイツや欧米など先進国以外では、国際組織に加盟している由緒正しいホステル自体が少なく、東南アジアなどでは安いといっても相対的に高級路線の宿になってしまう傾向があるのだが、この当時の僕はそれすら知らなかったわけだ。

というわけで、自分で今思い返してみても、われながらあまりの無知さ加減にあきれるほどだが、このまま最初にバンコクをうろちょろしたときの話を、もうちょっとだけ続けてみる。

はじめて出合った安宿

早速、翌朝から僕はバンコク市内の散策を始めた。

バンコク観光の目玉と言えば、たぶん王宮のワット・プラケオ（仏教寺院）だろう。空港はか、宿のフロントでも入手できるパンフレットによれば、ちょっと足を延ばせば他にも水上マーケットとかローズガーデンとかいう観光名所があるらしかったが、そもそも僕がこの街に立ち寄った理由は、インド行きの安いチケットを入手することだったし、特に仏教寺院も見たいとも思わなかったので、とりあえず街歩きをはじめたのだった。

どこをどう歩き回ったか、気が付くと僕は、ラーマ四世通りとシーロム通りが交差するあたりにたどり着いていた。ガイドブックは無かったが、空港で無料配布されていたパンフレットの中には、簡単な市内地図が載ったものもあり、地図さえあれば多少言葉が通じなくても指差しで自分が何処にいるかくらいは教えてもらえることに気がついて（それだけでも苦労はしたが）、地図をたよりに、繁華街へ、特に街の中心部へ、ということでたどり着いた場所がそのあたりだったわけだ。

ラーマ四世通りは、ファラムポーンという、バンコクの中央駅ともいえる鉄道駅から延びるこの街の幹線道路の一つで、その道をしばらく東へ走ると、ルンピニ公園という広場が左手に見えてくる。そこに南西方向に斜めに交差しているのがシーロム通りだ。

シーロム通りは、両脇に大手銀行やオフィスビルもある目抜き通りのひとつで、通りに入ってすぐの北西部あたりには、ゴーゴーバーで有名なパッポン通りもある、夜の繁華街エリアになっている。東京でいえば歌舞伎町に隣接する新宿の靖国通りみたいなイメージだろうか。

ルンピニ公園を背にするように靖国通り、じゃなくてシーロム通りに入ると、すぐ右角にロビンソンという外資系のデパートがあって、奥に進むと両脇にオフィスも多いせいか、歩道脇に地元の勤め人向けの屋台や飲食店も多く目に付いた記憶がある。

もちろん、地元民だけではなく繁華街目当ての観光客も多かったのだが、僕も旅行代理店を探すべく（決して繁華街目当てではなかったです）、両脇の看板を見ながら通りを歩いていくと、偶然、とあるビルの看板に〈guest house〉と書かれているのを見つけてしまった。

当時はまだ再開発が進む前で（道路上空の高架のスカイトレインもない）、この通りは大通りではあるが、両脇のビル群の中には、たぶん五〇～六〇年代くらいに建てられてから、ろくにメンテナンスもされないまま古くなってしまったビルも少し残っていた。そういう廃墟まではいかないが劣化したビルの二階くらいに〈guest house〉と書かれた看板が掲げられているのを見つけてしまったのである。

当時の僕がいくら英語が得意でなかったといっても、guest house が宿泊施設であることぐらいはすぐに分かった。分かったがしかし、こんなところに唐突にぽつんと宿が出現するのは予想外だったし、本当に宿泊施設なの？　と、思わずポケット辞書を引いて意味を確かめてしまったほどだった。

だいたいホテルとか旅館とか宿泊施設といえば、ビル一棟が丸々その施設で、エントランスもそれなりにお客を迎え入れるような造りで、入るとすぐロビーがあったりするものだと思っていたのが、そこにはそれらしい入り口などなく、ビルの上のほうに看板があるだけで、建物自体の入り口も日本でいう雑居ビル風で、エレベーターもなく階段があるだけという造りになっていたのだ。

本当に泊まれるところなのかな？　と半ば疑いながら軽い気持ちでそのビルに入って、僕はそこで生まれて初めて、バックパッカーと呼ばれる人たちが滞在することを想定した「安宿」というものの存在を知ることになったのである。

そのguest houseが営業しているフロアに上がると、入り口付近の壁やドアには、若者向けのツアー企画らしきものを書いた、チラシ的な宣伝ポスター類がベタベタ貼られていて、中に入るとすぐに小さなデスクとソファが置いてあるだけのフロント兼ロビーのような空間があり、そのまま視線を奥にやると、こげ茶色のベニヤ板のようなもので区切られたロッカースペースみたいなエリアが続いていた。

チェックアウト時間が終わった昼下がりのせいか、そのフロントにはソファに転がって漫画を読んでいる中学生くらいの少女がいるだけで、他に従業員らしき人物も、宿泊客らしき人影も見かけなかった。

中に入ると少女は立ち上がってにこやかに迎えてくれたが、明らかに留守番中という風情で、あまり英語も出来ない様子。ただニコニコ笑って挨拶するだけである。

意を決して恐る恐る、部屋はある？　と聞いてみると、少女は何が面白いのか、なぜかそれまで以上の笑顔でうなずいて、奥のロッカーみたいなエリアに僕を案内してくれた。そしてそのまま、いくつか並んだロッカーの一番手前の扉を開けて見せたのだ。

中を覗くと、そこには板で壁を作って隣と仕切っただけのスペースがあって、人が一人やっと寝れらる程度のそのスペースには、シーツだけ掛けた、掛け布団も毛布も何もないベッドと、小さい扇風機がぽつんと置かれていたのだった。

どうも僕が最初、ロッカーと思っていたエリアは、実は宿泊エリアで、この guest house のあるフロア全体を細かく板で仕切って、それぞれを個室に仕立てて部屋として提供している、ということらしかった。

さらによく見ると、その仕切りは上部の数十センチと下部の十数センチはスカスカに空いた状態で、脚立でも持ってきて上から覗けば、隣の個室は丸見えになるだろうという状態だったし、そもそも入り口の扉も、掛金を南京錠で留めるだけという簡単な造りであった。

あらかじめ誰かから、そういう形式の安宿がある、と聞いていれば別だったろうが、生まれて初めてそんな安宿に出会った僕は驚きのあまり、思わず何度も、ここに泊まれるのか？　とかトイレはどこ？　とか矢継ぎ早に質問した記憶がある（もちろんトイレ・シャワーは共同だった）。満足に英語もしゃべれない中学生くらいの少女が受付だったり、ロッカーみたいにベニヤのような薄い板で区切っただけのスペースを部屋と称して営業したりというだけで十分驚きだったが、僕の驚きがマックスに達するのは、その後、その部屋に泊まるための宿泊費を聞いたときだった。

「ハウマッチ？」と聞くと、少女はすぐに答えてくれたのだが、数字のところがタイ語らしくて最後のバーツのところしか聞き取れない。不審そうにしてると、少女は奥から電卓をもってきて数字を打って見せてくれた。

えーと、うん？　それって一泊だよね？　いや、いくらなんでもそんな安くないよね？　思わずそう心の中でつぶやきながら「ドル？　バーツ？」と何度か念を押すと、少女はそのたびにバーツと答える。そんな馬鹿な！　と驚いた表情を見せると、僕の反応が面白いのか、少女は声を出して笑ってその数字を繰り返したのだった。

僕が驚いたのも当然で、このとき少女が示してくれたその数字とは、当時の日本円に換算してわずか二五〇円程度のものだったのである。

何しろ僕は、若者が泊まる安宿といえばユースホステルくらいしか思い浮かばなかった男である。そしてバンコク最初の宿泊がそのユースホステルで、十二分に安いと思って一泊換算三千円くらい支払ったのだ。それがまさか十分の一以下で泊まれる安宿があっただなんて……

あれから三〇年近く経って、カオサン通り周辺も小奇麗になり、古くて安いだけのゲストハウスが少なくなりつつある昨今、最近のことしか知らない旅人には一周回ってこんな話も新鮮に響くかもしれない。

いや、当時のバンコクを知っている人でもカオサン通りや中華街ならともかく、シーロム通り（正確にはちょっとだけ横道に入ったところだったが）にこういう安宿が存在したことはあまり知られていないかもしれない（数年後に再訪してみると、ビル自体すでに取り壊しにされていて、このguest houseもなくなってしまっていた）。

思うに「知らない」という状況に身を置くことが旅の始まりではないだろうか？

そしてその、知らない状況にどう対処するのかというところで「旅」になるのか、それとも単なる「観光」や「訪問」に終わるのかの違いも生まれてくるような気がする。

先に後述すると書いた、意図的に行き先の下調べもせず、ガイドブックも持っていかなかったことの理由についても、単に面白そうという以上の意図があって、それはこの「知らない」ということの中に隠されているある性質が、この当時自分が求めていた「あるもの」を発見するヒントになるのでは、と思ったからなのだ。

ではその「あるもの」とは何か？

最初の旅で求めていたもの

それは、誤解を恐れず一言で言ってしまえば「現実」である。

実は僕が旅に出ようと思った理由のひとつは、この当時の人生最大の関心事のひとつに「現実とは何か」という問いがあって、インド訪問時にその「現実」を見つけるヒントが「旅」にあるのでは、と気が付いたからなのだ。

こういう書き方をすると、お前は何を言っているんだ、と突っ込まれそうなので、さらに説明を続けさせてもらおう。

誰でも、ものごころ付いて以降、ある程度の年齢になると、子供の頃に感じたような生き生きとした新鮮な喜び、とでもいうのだろうか、純粋なものの見方が失われてしまって、特に社会に出て責任ある年齢に達する頃には、日常生活が同じことの繰り返しで退屈に感じられるようになったりする、ということはないだろうか？

たとえば、日常の範囲内で職場と自宅を行き来するだけの生活を続けていると、いつもの慣れ親しんだ環境しか目に入らないから、あえて周囲の様子に注意を注ぐということもなくなり、いつの間にやら生活の関心事や思い浮かべる心の対象物は、現実から目をそらされた妄想というか、娯楽という名の幻想とでもいうべきものになっていき、やがて自分の存在そのものも、その中に安住するようになっていく。

ＴＶを観たり、映画を観たり、小説やマンガを読んだり、音楽を聴いたりすることが、退屈を逃れるための最大の楽しみになって（もちろん近年ならネットもこの中に入る）、いつの間にか自分の実際の生活の本当の「現実」は、妄想の中でどこかに消えてしまうのだ。

日常生活を離れて日本国内で旅に出るような場合でさえも、日本には日本なりの旅の流儀というか常識があるから、初めての土地でもその常識という知識に従えば、特に不便もなく、つつがなく旅をすることが出来てしまう。

ところが海外旅行となるとさすがにちょっと事情が違ってくる。日本の常識は海外の非常識という言葉もあるように、行き先の国にもよるが、日本で当たり前だった常識が通用しない事態に直面することがよくあるわけだ。

そして、そういう状況に身を置くと、それまで頼ってきた知識という名の「過去の記憶」や ら、常識という名の「幻想」を脱ぎ捨てて、目の前の「現実」にしっかりと目を開かなければならなくなる。

ここで注意してほしいは、僕の主張の力点が、あくまでも「知らない」という状況が作り出す「現実への刮目」にあって、新しい知識を獲得すること、つまり新たに何かの知識を学ぶことではない、という点にある。

知識というものは、どの道、どんなにがんばっても現実の代わりにはならない。間違った知識については言うに及ばず、たとえそれが一〇〇パーセント正しい知識であったとしても、知識はどこまでいっても知識でしかなく、なんとか「事実」として認定できるということはあるかもしれないが、刻々と移ろいゆく、生きてある「現実」の代わりにはならない。だから知識を通して世界を見ていると、頭の中の固定した知識と、絶えず変化して動いている現実との乖離の中で、自分が生きているという実感まで見失ってしまうように思えるのだ。

間違った知識も正しい知識も、現実の代わりにならないという点ではまったく同じなのだが、なんとなく正しい知識を獲得すると、その知識に安住して世界について分かったように思ってしまう。そして現実を見ることをやめて自分の知識の殻に閉じこもり退屈を感じ始めるようになるのではないか。

ところが海外などに出て、自分の知識が限定的な範囲でしか通用しないような場面に遭遇すると、現実に対して本当は自分が何も知らない、ということに急に気がついて、その緊急事態が、現実に対する目覚めの感覚を呼び起こすように思えるのだ。

もしもそうだとすると、旅に出て、あるいは新しい状況に出会って、新しい知識に触れることが喜びをもたらしてくれるのではなく、あくまでも古い知識が役に立たなくなって、いやでも現実に目を開かなくてはならなくなるという、その体験自体が（それによって得られる目覚めの感覚が）、子供の頃のような純粋なものの見方を思い出させてくれ、生きる喜びを思い出させてくれるということになる。

たとえば、僕自身はクルマに乗らないのでよく分からないが、カーナビに頼ってばかりいると、いつまで経っても道順がちゃんと頭に入らない、という話をよく聞く。現実の「道」に目を向けなくてもカーナビの示すバーチャル空間を通じて、目指す地点までのたどるべき「道」が示される。自分の頭を使ってどのルートを行けばいいのか考える必要さえ無い。

カーナビのなかった時代には、少なくとも地図と現実の道とを見比べて、絶えず自分が正しい道にいるのかを確認する必要があった。もちろん、いくつかあるルートのうち、どの道を選ぶかも自分で決める必要があった。

それがカーナビを使うようになると、現実の道に目を向けなくても、分岐点の目印を覚えておかなくても、どのルートがいいか考えなくても、行き先を入力しさえすれば、簡単にどの道をたどって目的地に行くべきかを教えてくれる。

確かに便利ではある。便利ではあるが「現実」との接触はそれだけ少なくなる。何も考えなくていいから楽でもある。楽ではあるが、それは娯楽として楽しめる時間を増やすばかりで、現実との邂逅がもたらす目覚めの感覚は遠のき、そのうち退屈に感じる時間が増えただけ、と気が付くようになるのではないだろうか?


ということで、知らない、ということに気がついたとき、知識というフィルターを通さず、直に現実に向き合おう、自分自身の目で直接世界を見ようとし始めることが旅の始まりであるように思う。

自分が知らなくても、すでに知っているガイドに連れて行ってもらうなど、誰かから与えられた知識に頼ろうとするのは、別に間違った行為ではないし、非難するつもりも無い。しかしそれは、観光ではありえるかもしれないが、厳密にはやっぱり「旅」にはならないように思う。

もちろん「旅に出なくても現実に出会う方法はあるのでは?」とか「仮に頭の中の知識や、カーナビみたいな文明の利器を頼らなくなっても、人は結局、情報や知識の活用そのものからは逃れようがないじゃないか？」とか「だいたい、地図という情報だって知識だし、それに頼っているなら、ちっとも現実に向き合っているとは言えないだろう」とか「頭の中の過去の記憶としての知識と、現実がもたらす一次情報としての知識とどう違うんだ？　どっちも結局は同じ情報じゃないか？」というような反論が山のようにあるだろうことは十分理解している。

ここは大事なところなので、その手の疑問については、あとで別章を設けてたっぷり解説してみるつもりだが、とりあえず旅の話をするにあたって、その入り口として無知の自覚の話からはじめたかったのだ。

ちなみにソクラテスで有名ないわゆる「無知の知」の意味も、世間一般には「多くを知っている人は、さらにまだ知られていないことに気がつくから、知られていないことに対する自覚をもつことが本当の知である」という風に解釈されているようだが、案外、知識というものの持つ本質的限界と、無知の状態で直接現実に触れることの重要性を指し示しているようにも思うのだがどうだろうか。

最後に、いくら予備知識なしで旅に出るといっても、命にかかわりそうな危険情報や衛生保険関連の知識、あるいは、いわゆる客観的な科学的事実とみなされる知識などに関しては避ける必要がないことは言うまでもない。

たとえば僕自身、最初のインド訪問時には、現地で案内してくれた人から狂犬病の恐ろしさや生水の危険性などいろいろ教わっていたから、旅に出るときは、その方面の準備はそれなりにして行った。

とくに狂犬病は、日本では事実上撲滅された状態だが、アジア全般ではまだまだ発症例は多く、犬以外の動物でも（哺乳類ならなんでも）狂犬病ウイルスの感染源になりうるし、いったん発症してしまうとほぼ一〇〇パーセント助からないという最強に恐ろしい病気である（最近も欧州からフィリピンへの女性旅行者が亡くなったというニュースがあった）。

さすがにどんなに気を付けていても、お腹を壊して下痢になったり、ちょっと油断して肝炎に罹って寝込んだりしたことはあったが、最終的になんとか無事に戻ることができ、普通の人はインドから帰って来ると痩せて戻ってくるのに、お前は太って戻ってきた、と言われたのはいい思い出だ。

というわけで、むちゃやな冒険を推奨しているわけではないので念のため。

2　自己流の旅、その源泉

コニーとアーティストプレイス

コニーと安宿探し

第Ⅰ章で、シンガポールから来たコニーという女の子とバンコクで出会ったという話を書いたが、実はその後にもコニーとのエピソードがあるので、ここではその続きを書いていく。

フードコートで話をしていたとき、コニーが何か小さな紙きれを持ち出してきて「ここのこと、何か知っている?」と聞いてきた。

見るとそれは、道順を示した略地図と、西洋人の女性が絵画教室？　みたいなものを受講しているような写真が載った宣伝チラシだった。

「知らない。有名なところなの?　どこで見つけたの?」

「私も知らないけど、外国人が住める場所みたい」

「Artist Place って書いていあるね。何かの教室じゃやない?」

「でも宿泊できるみたいなの。明日行ってみようかな。興味ある?」

今にして思えば、コニーはバンコクで長期滞在の可能性も探っていたのかもしれない。そのチラシも、どこかの機関の窓口に置いてあったのを見つけたとかで、外国人が格安で長期滞在できる施設のはず、ということだった。

地図は簡略過ぎて分かりづらかったが、どうやらチャオプラヤー川の西側にあるらしい。ちなみに、バンコクの観光名所は、ほとんどがチャオプラヤー川の東側にある。暁の寺院として有名なワット・アルンが川の対岸ということで一応は西側にあるが、それより先に何か見どころがあるという話は聞いたことが無かった。

僕は特に予定もなかったし、コニーも別に寺院めぐりみたいな平凡な観光には興味がないらしく、まだ見ぬバンコクの西側ということもあって「面白そうだね、行ってみようか」の一言で、一緒にその施設を訪ねてみることになったのだった。

翌日、ちょっとした探検気分で出かけてみたものの、とにかくチラシの略地図の分かりづらさには閉口させられた。とりあえずバスに乗って対岸に渡り、地元の人に聞き込みしながら歩き回ったのだが、かなり近くまで来てるはずなのに一向に肝心の施設が見つからない。

「アーティスト・プレイスって書いてるけど、この地図を描いた人はアーティストじゃないわね！」
と文句を言うコニー。
「いや、こんなに分かりづらく描けるなんてピカソみたいなアーティストかも」
といった調子で、途中で昼飯休憩をとったりしながら探し歩いたが、結局、最後は地元のトゥクトゥク（三輪タクシー）に頼ってようやくたどり着くことができたのだった。

その施設のあるエリアは、ウォンウェイ・ヤイと呼ばれ（同名の鉄道駅もある）、行政区的にはクローンサーンという地区にあたる。

ウォンウェイ・ヤイには、タークシン王（一八世紀にトンブリー王朝を築いた）という英雄の騎馬像を真ん中に置いた大きなロータリーがあって、その周辺にはデパートが立ち並んだり、ちょっと東側には市場もあり、そこそこにぎやかではあった。ただ、王宮がある川の東側、つまりバンコク中心部と比べると規模は小さく、特に市場とチャオプラヤー川の間の地域は、庶民の町というか、ここは葛飾柴又か！　と突っ込みたくなるような下町風情を感じさせる町並みになっていた。

バンコクの街は、だいたいどこも単純な造りになっていて、大通りと、その大通りに交差するソイと呼ばれる細い小道が、まるで葉っぱの葉脈みたいに左右に広がっている場合が多い。

その点、このクローンサーン地区は、バンコク市内でも歴史が古いほうらしく、他とは違って小道が複雑に入り組んでいて風情があった。

そして、その施設は、外国からの観光客などまったく訪れそうもない、この下町のど真ん中に位置していたのだ。

トゥクトゥクから降りると、そこは小道に沿って伸びる長屋風の二階建て建物の一角で、長屋は小道の奥までずっと、少なくとも二〇メートルくらい続いていた。ただ、施設として使われているのは手前の三分の一ほどの部分だけで、奥は別の民家のようだった。

そこだけ壁の色が一部赤く塗られていたり、出入り口のひさし部分を大きく道側に伸ばし、ボックス風に囲っていたり、ひさしの下が木陰になるようブーゲンビリアが植えられていたり、どこから拾ってきたのか、小枝やら空き瓶やらをそのひさし部分に上から垂らして飾りつけていたりと、明らかに隣とは違う空間になっていたのだ。

「あ、あー、コン、コンニチハ?」

僕が日本人と分かると、片言の日本語で挨拶して迎えてくれたのはチャーリーという男だった。

チャーリーはこの施設のオーナーで、自分はアーティストだ、と自己紹介してくれた。ちょっと小太りで、白髪混じりで、口ひげもあり、個性派俳優風というか(後で知ったが、若い頃は実際、少しだけ俳優をしていたという)、言われてみればアーティストっぽい風貌で、年齢的

バンコクで常宿にしていたアーティストプレイスの入り口前面。ひさしの上に生い茂っているのはブーゲンビリア

そのひさしの下には、どこからか拾われてきたガラクタが、装飾代わりに吊り下げられていた

この当時のメンバーで記念撮影。左からチャーリー、ロブ、コニー、ジギー、雑用係として居候していた老人

には四〇台後半くらいに見えた。

いろいろ説明してもらって分かったのは、この施設は要するにチャーリーの自宅兼アトリエ兼ギャラリー兼ゲストハウスであるということ、アーティストとしての収入だけでは食べていけないのでゲストハウスも併設しているらしい、ということだった。

最初、チャーリーというのはニックネームかと思っていたが、後で確かめると本名のようで、王宮に仕えた何代か続く芸術家の家系の出らしかった。もっともチャーリー自身は、欧州で絵画を学んだことがあるといい、主に水彩画を描いていた。

当時はまだ、ここのことは、日本のガイドブックにはもちろん、欧米で絶大な人気を誇ったバックパッカー向けガイドブック『トラベルサバイバルキット』にも紹介されていなかった。特に近くに観光物件があるわけでもなく、外国人が泊まる宿が多いエリアというわけでもなかったので当然といえば当然なのだが、それでも僕らが訪れたときにはすでに長期滞在で居ついているゲストが何人かいた。

一人はオーストラリアから来ていたロブという青年。もう一人は、素行がちょっと不良気味のドイツ人青年のジギー。もう一人は名前を失念してしまったが、オーストラリアから学術的な目的で長期滞在しているという年配の大学教授だった。

ひととおり建物を案内してもらったあと、コニーは大学教授に聞きたいことがあるとかで教授の部屋のある屋上に行ってなにやら話し込んでいた。僕のほうは単純な好奇心からロブに話しかけてみた。

「ここにはどれくらい居るの?」

「もう半年くらいかな」

「あとどれくらい居るつもり?」

「さあ、分からないな」

「はじめてバンコクに来たときの印象はどうだった?」

「ふーん、て感じかな」

ロブの受け答えは、どこかひょうひょうとしてとらえどころが無く、あまり感情を表に出さないタイプのようだったが、同時に、いかにも育ちがよさそうな素直なフレンドリーさもあった。

彼はバンコクに仕事を探しに来たと言っていた。職種的にはデザイナーとかライターとか、その手のクリエイティブ系の仕事を志向していて、後日、彼の部屋を見せてもらったとき、オーストラリアから持ち込んだというマッキントッシュ（たしかクラシック二型）が置いてあったのに驚かされた記憶がある。

当時の写真を見返してみると、ロブは映画のマトリックスに出てくるエージェント役に似ていて、後年、その映画を見てデジャブがあったのはロブのせいだったのだ、と気がついた。

ジギーは、いつも大声で怒鳴るようにしゃべっていた印象があった。英語や片言のタイ語でしゃべっていても、ドイツ語アクセントが強いせいか、はたで聞いていると喧嘩してるように聞こえるのだ。

いいや、実際に素行の悪さをめぐってチャーリーと言い争いになることも多く、チャーリーのジギーに対する口癖は「ヒー・イズ・クレイジー」だった。

ジギーは当時、ドイツで半年か九か月くらい仕事して、お金がたまるとバンコクに来るというスタイルの生活をしていたようだった。

オーナーのチャーリーといい、長期滞在してる面々といい、キャラが立っていて個性的で、そのままマンガかなにかの舞台になるくらいユニークで、加えて下町風情の残る周囲の環境も居心地が良さそうで、僕はすっかりこの場所が気に入ってしまった。

「どうする？　ここに泊まる？」いつの間にかコニーが下に戻ってきて僕にそうたずねた。

このときは僕は、カオサン通りの安宿に泊まっていた。この章のはじめ（「ガイドブック無しで旅立つ」）に書いたとおり、最初にバンコクに泊まった宿はユースホステルだったわけだが、ある程度旅慣れてくると、嫌でも旅人同士の交流からいろんな情報が入ってくる。そんな中で自分に合ったものを選んでいくうち、結局、主にコスト的な理由からカオサン通りの安宿に泊まるようになっていたのだ。

「うん、気に入ったから、早速荷物ももってきて明日からここに泊ろうかな」

アーティスト・プレイスの宿泊費は、カオサンのそれと比べると必ずしも安くはなかったが、さすがに常に安さだけで宿を選んでいたというわけでもなかった。

「そう、じゃあ私もいったん帰ってまた来るわね」

実はコニーはこのとき、親類の紹介とかで、そこそこ中級のホテルに滞在していた。僕みたいにバックパッカーというわけでもなく、泊まっていたエリアもカオサンではなかった。わざわざここに来たのも、あくまでも情報収集が目的だったようで「また来る」というのも、泊まりに来るという意味ではなく、遊びに来るということだった。

アーティスト・プレイスでの滞在は、一言で言うとすばらしい体験だった。

カオサン通り周辺みたいに深夜まで営業してるバーがあったり、観光客向けのおみやげ物屋があるというわけではなかったが、代わりに地元住民の胃袋を満たす屋台があったり、観光客ずれしていない庶民の生活がそのままあった。

夕食どきになると、チャーリーと親しい近所の住民が、酒やビールを持ち寄り、おかずやおつまみも屋台から取り寄せ、軒先に集まっては、毎晩ささやかな夕食会というか、酒盛りというか、ちょっとした国際交流が始まるのだ。

話題はサッカーの試合の結果のこととか、宝くじに当たったとか外れたとか、どうでもいいような、たわいもないことがほとんどだったが、それまで僕は、観光業に従事していない普通のタイ人、それも、どちらかというと中流クラスの庶民の感覚に直接触れることがほとんどなかったので、彼らとの交流は新鮮で面白く感じられた。

ちなみに、屋台と言っても、タイではそもそも家庭ではそれほど料理をしないらしく、地元民にしてみれば屋台料理がそのまま家庭料理の延長のようなところがある。なので材料も味付けも分量も、好みの注文で作ってもらうのが基本なのだが、地元民が自分たちの酒のつまみに注文してくる料理のうまいことといったら、もしも僕がミシュランの編集者なら迷わず星をひとつ進呈したくなるほどだった。これがカオサンあたりにある料理屋だと、最初から欧州系外国人向けにアレンジされていたり、そもそも旅行者に人気のある、分かりやすい単調なメニューしかなかったりするのだ。

そんなこんなで、この場所が気に入った僕は、以降、バンコクに来るたびにここに泊まるようになり、いつしか僕にとって常宿といえるような存在になっていった。

商売一辺倒の安宿と違い、ここはチャーリーによる一種の民泊みたいな宿だったから、こちらが暇そうにしてると、自分の絵画の展示会に一緒にこないかと誘ってくれたり、バンド仲間(チャーリーはドラムを演奏していた)を紹介してくれて宿で小ライブをやったりと、滞在中にはなにかしらイベントを用意してくれたし、なによりこの宿に居ると、周囲の下町の、ゆったりした生活感が感じられて、それがなんとも心地よかったのだ。

分からないまま探してみる

人が「何か」を探すとき、普通はその探す「何か」をあらかじめ知っている必要があるのではないだろうか？

たとえば、どこかに無くしてしまった鉛筆を探している、というような場合。その人の心の中には、無くしたその鉛筆のイメージがしっかりとあるはずだ。そして、あらかじめその鉛筆を知っているから、後から見つかったときに、それが確かに自分が探していた鉛筆だと分かるのではないだろうか？

では、まったく新しいもの、いままで見たことも聞いたこともないもの、あるいは自分でも何かわからないけど、その分からない何かを探している、という場合、人はどうやってそれを探し、どうやって見出したらいいのだろう？

はじめてのインド旅が終わる頃、帰国途中にバンコクに立ち寄った際、とある旅なれた日本人の男に話しかけられたことがあった。

彼は僕がまだ旅の初心者だとわかると、いろいろと自分の知っていることを親切に教えてくれたのだが、そのなかに中華街近くの安宿のことがあった。

その安宿とは、当時すでに多くの日本人バックパッカーが居つくようになって、半ば伝説になりつつあったジュライホテルというところだった。なんでも、そのすぐ近くに楽宮ホテルという安宿があって、そこが小説の舞台になったとかで、その地区全体に日本人が多く集まるようになり、いつしか近くにあったこのジュライホテルにも日本人が多く泊まるようになっていったのだという。

実は東南アジアやインドには、日本人ばかりが多く集まる「日本人宿」というのがいくつかあって、ジュライホテルもそのひとつだったのだ。僕は例によって例のごとく、楽宮ホテルのこともジュライホテルのことも知らなかったので素直にそう言うと、男はあきれたように、日本人なら知っておくべき義務であるとでもいう風に、有名な場所なんだから、とわざわざ案内してくれたのであった。

結論だけ書くと、僕はその宿には泊まらなかった。今となってはどんな宿だったのか、見学しただけなのでその記憶さえもあいまいだ。言われるまま、それなりに興味をもって訪れてはみたのだが、いまひとつ自分の心に響くものはなかった。

ただ、その見学のあと、すぐ近くの北京飯店というところに連れて行ってもらって食事をしたのはよく覚えている。そこは、スワニーさんというおばさんが一人で切り盛りしていた飯屋で、店名に反して、なぜか丼物とか豆腐、味噌汁といった日本食があり、インド帰りで日本の味に飢えてた僕にはありがたかったのだ。

先に書いた通り、「何か」を探すというような場合、普通は探す「対象」を、心の中にしっかりとイメージしてから探すものだ。ところが、無知な状態のまま、世界に対して驚きのまなざしを向けて、事前のイメージや情報、知識がないままで旅をすることは、何を探しているのか分からないまま何かを探すという行為に近い。

たとえば僕は最初、バンコクで快適に過ごせる宿を探していたわけではなかった。探そうにもそもそもどういう宿があるのかあまり知らなかったし、何をもって自分にぴったりの「快適さ」なのかが自分でも分かっていなかった。

金を積めば高級ホテルで快適に過ごせるじゃないか、という人もいるかも知れないが、そういう場所で得られるような快適さを自分が求めていたのかというと、それもまた違う気がするし（求めていたとしても、その当時は先立つものがなかったのだが）、結局、心のどこかで納得できないまま、カオサン通り周辺に泊まるようになっていたわけだ。

もしも僕がバンコクを訪れる前に、何かの小説でも読んでいて、たとえばジュライホテルや、そこに集まる日本人バックパッカーの生態について知っていたら、そしてそのイメージや世界観に憧れて旅をしていたとしたら……あくまでも想像だが、おそらく僕はまっすぐにそこを目指し、イメージ通りのスタイルに満足していただろうから、アーティスト・プレイスに出会うことも無かったかもしれない。

あらかじめ余計なイメージを持って探すなら、そのイメージを超えるものに出会うことは難しく、本当に新しい発見をするのも難しいのではないだろうか？

前もって余計なイメージを持たないという意味で「（特定の対象を）探すことがなく」、何かは分からないけど探求する姿勢は維持する、という意味で「探す」こと。そのような探求の中にこそ、新しいものとの出会いや発見があり、旅が自分だけのオリジナルなものになる源泉があるように思う。

「知」ではなく「情熱」が導く

また、何かの理解を得るには、理解が訪れるのを静かに待つ、あるいは能動的に探ろうとしてもうまくいかないという意味のことを、第Ⅰ章の最後「街灯の下で「旅」を探す」で書いたが、そうなると思う理由のひとつ（全部とは言わない）がまさにこれなのだ。

能動的に理解を探るという場合、普通はあらかじめ求める理解や、答えのイメージが先行していることを意味する。その場合、期待するその先行イメージがまるでフィルターのように作用し、まだ知らない新しい理解の浮上を妨げるように思うのだ。

ただし、能動的に探ろうとしないといっても、世界に対してまったく関心をもたず、ただ目を閉じて寝転んでいればいい、という意味ではない。深い眠りのなかで意欲も消失しているなら、そこから新しい発見などあるわけがない。

つまり、何かを探ろうとする内なる「活力」というか、「情熱」というか、意欲のようなものと、その活力が特定のイメージや、限定された「対象」をもつこととは、二つの別々のことなのではないか、ということなのである。

　活力や情熱が特定のターゲットを持つことは、関心を向ける方向への「限定」につながる。そしてその「限定」が新しい発見、もしくは自己の内にある源泉への回帰を妨げる、というわけだ。


　僕は前節で、知らないという状況に身をおくことが旅のはじまりではないか、と書いた。この場合の「知らない」というのは、とりあえず目の前の状況や現実に対しての無知に気が付くことであった。

　しかし、そんな状態で旅を続けていると、単に他国の文化や世界に対して何も知らない、というだけではなく、一時的にせよ、自分自身が何を求めているのかということについても分からなくなっていく、ということがあるように思う。

　すでに何かを知ってる場合は、当然、その知っている「対象」があり、その対象を探したり求めたりすることのなかで、自分が何者で何を求めているのかについても迷うことが無い。

　ところが「知らない」という状況に身を置くことは、その「対象」となる何かを、心の中から拭い去るように作用するため、自分が何者で何を求めるているのか分からなくなっていくわけだ。

旅のあり方として「放浪の旅」というスタイルがある。何処に行くかは「風まかせ」という言い回しもある。いずれも行き先や旅の目的という「対象」が明確ではないスタイルのときに使う言い回しで、世間ではそのような旅のあり方は、非生産的で、ともするといかがわしい人間がするものだと思われているかもしれない。

しかし、外面的なスタイルからだけで断言するのは難しいが、「対象」として求める何かが抜き取られてしまえば、後に残るのはいわば「純粋な探求」そのもの、もしくは「探求への活力」そのものになり、その旅への活力としての源泉が、限定なしに世界と直に向き合うとき、おのずとその旅の軌跡を、放浪の風まかせ的なスタイルへと導いていくようになるのではないだろうか？

そして、そのような探究心、特定の対象を持たないという意味での純粋な探究心だけが、見知らぬ世界の放浪の中で、新しい理解を見出していくように思うのだ（このあたりは結構大事なところなので最終章でもう少し解説する）。

余談だが、アーティスト・プレイスを発見した翌日だったか、翌々日だったか、約束通りコニーが遊びに来てこんなことを言い出した。

「私、バンコクの性産業に従事する女性に関心があるの。同じ女としてどんなことをしているのか興味があるのね。だからパッポン通りのゴーゴーバーとか見に行きたいの」

な、なんだって〜、と内心、ちょっと焦りながら、

「パッポン通りか〜。僕は行ったことないんだよ。危ないんじゃない?」と止める方向で話をしようとすると、それを横で聞いていたロブは、顔色ひとつ変えずクールに、

「それなら僕が案内するよ。業界に知り合いもいるし」と言い出した。

「そ、そう? 危険じゃないかな?（おいおい、ロブ…）」

「私、行きたい。どんなことしてるのか見てみたい!」

ということで、僕自身はパッポン通りの性産業にはまったく興味はなかったのだが、これはあくまでも若い女の子の社会見学への同伴であって、別に遊びに行くわけじゃないんだからね、と重い足を引きずりつつ、その見学ツアーに同乗することになったのだった。

コニーの名誉のために書いておくと、その見学ツアーはロブのアシストで結構きわどい店まで見てきたものの、最後まで文字通りの見学だけに終始した。

ロブはいつも通り、マトリックスのエージェントみたいにひょうひょうとして、ここがポールダンスやってるところ、ここが〇〇してるところ、といった具合に冷静に案内役に徹して、僕も護衛役として終始紳士的に振る舞ったことは言うまでもない。

後年、一度だけコニーと連絡を取ったことがあるが、コニーはなかなかの才媛だったらしく、そのころは弁護士になっていて、米国移住を考えてる、この前どんなところか西海岸に下見に

行ってきたわ、と話していた。

あれから、いつの間にか二十年以上の歳月が流れてしまった。

彼女が今、どこで何をしているのか、僕は知らない。が、この頃のことの思い出は、まるでハーバリウムに閉じ込められた美しい花のように、今でも鮮やかに心の中に残っている。


スリランカの奇祭、ペラヘラ祭でのひとコマ。象のパレードが主役の祭りだが、そのパレードを建物の窓から追いかける少年たちの視線にレンズを向けてみた

第III章　旅の途上

「境界」を意識する

1　文化の違いに気付く

ドイツで感じたこと

ヴュルツブルクで異文化考察

「日本人にとっての旅行って、そこに行って来たってこと自体が重要みたいなところがあるじゃない？　あとで帰国してから、あそこに行ったことあるって友達に自慢したいみたいな。だから、その場所に行っても本当には全然楽しんでないのよね。ただツアーでそこに行って、あっという間に通り過ぎるだけでしょう？　こっちの人はもっとゆっくりと旅を楽しむのよ」

日本人特有の旅のあり方について、そんな話を始めたのはドイツ在住の日本人女性、M女史だった。

このとき、僕はガイドブックの取材でドイツを訪れていた。まったく新しい個人旅行者向けのガイドブックのシリーズを立ち上げるということで、そのドイツ編の制作を一冊丸ごと任されてのことだった。

といっても、もちろん一人で全部の取材は無理なので、何人かフリーランスの仲間に声をかけて手分けして取材をすることになったのだが、僕自身はロマンチック街道などを担当することになって、その起点となる街、ヴュルツブルクを訪れていたのだ。

M女史と出会ったのはまったくの偶然で、僕が取材で街中をうろうろしていたとき、重たそうなカメラバック（実際に重いのだが）を肩にかけて地図を広げていたのが気になったのか、声をかけてくれたのがM女史だったのだ。

事情を説明すると、この街に住んで長いというM女史は、親切にも案内役を買って出てくれ、有名なワインケラーにも知り合いがいるから紹介してあげる、とまで言ってくれた。

親切な申し出には遠慮なく甘えるクセのある僕は、M女史の申し出にももちろん甘えて、とりあえず近くのカフェで話しをするうち、その内容は日本とドイツの文化の違いから、次第に海外から見た日本人論的なものになっていき、いつの間にか日本人の旅行観についても話が及んだのだった。

「そうですか。でも最近は日本でも個人旅行者が増えてきているし、今回の取材もその個人旅行者をターゲットにしたガイドブックを作るためのものなんです。今後は日本人の旅の仕方も変わってくると思いますよ」

この当時は、僕はまだ、なんとなくこの手の物事は時代とともに自然と移り変わっていくだろうと軽く考えていて、そんな受け答えをした記憶がある。

M女史はドイツ人男性と結婚していて、自身も現地で仕事しているとかで、ドイツ文化を受け入れるのに特に苦労しているようには見えなかった。

現地のワインケラーと顔見知りというのも本当で、そのビュルガーシュピタールというワインケラーでは、M女史の紹介のおかげで、普通に訪れただけでは見せてもらえなさそうな貴重な古いワインも取材させてもらう事ができた。

余談だが、その古いワインとは、店側の説明によると「世界最古のもの」ということだった。ところが間に入って説明してくれたM女史は「こっちの人（ドイツ人）はあまり調べずに、すぐに世界最古とか大げさに言うけど、本当かどうかは分からないからちゃんと後で調べてね」と言う。

このときはそれほど気に留めていなかったが、これがドイツ人気質に関する示唆だったのだと後から気が付いた。

たとえば日本的な感覚だと、自画自賛するような宣伝の場合には、本当にそう表現していいのか徹底的に調べてから、自分の格がそれに相応しいかどうかも十分考慮して、それでも若干控えめに宣伝したりしそうなものだ。

ところがドイツの場合、たとえば観光物件を調べていると「アルプスより北では最も大きな〇〇様式の建築」などという表現によく出くわすのである。

最初は、そんなにすごいところなのか！　と思って取材しようと思うのだが、よく調べてみるとイタリアなどの南欧州ではもっと規模が大きく有名な「〇〇様式」の建築がたくさんあることが分かる、ということがよくあった。

「アルプスより北では」という点では間違いではないのだろうが、わざわざ条件をつけて、その条件の中では一番、と宣伝するのがドイツ流らしく、もしかしたらこの「世界一古いワイン」にも、何か条件が付いていたのかもしれない。

話を戻そう。

M女史とそんな話をしてから二〇年以上の年月が過ぎた。予想通り、今では日本でも個人での海外旅行が当たり前になってはきたが、それで果たして日本人の旅行のあり方が本当に変わったと言えるのだろうか？

僕が今回、このM女史との話を冒頭に持ってきたのは、最近、とあるネット記事（〝旅行目的は「インスタ映え」大学生の本音〟プレジデントオンライン）で、日本の若者に人気がある旅行先や、その旅先選びの動機についての記事を読んだからなのだ。

それによると、最近は『女子旅の八割は「インスタに写真を上げる」のが目的』なんだそうだ。いわゆるインスタ映えする写真を撮って、その種のＳＮＳに上げ、「いいね」の数を増やせるかどうかが、旅先選びの基準になっている、というのである。

この記事では、これはまったく新しい現象で、若者の旅の動機が昔のものとは劇的に変わってきた、というような論調になっていた。

なるほど、インスタグラム自体がほんの一〇年に満たない歴史しかないし、ふた昔前にはそのインスタはおろか、インターネット自体がまだ始まって間が無いような時代だったわけで、インスタ映えを狙って旅に出るというこの動機は、新世代特有の新しいものに見えるかもしれない。

しかしそれは、あくまでも表面的な現象として見た場合の動機であって、その奥にある動機の「背景」というか、動機を生み出す「条件付け」とでも呼ぶべきものにまで目を向けるとしたらどうだろう？

インスタ映えする写真を上げて「いいね」の数を稼ぎたいという動機の裏にある文化的条件付けは、二〇年以上前にＭ女史が言い放った「そこに行ったことがあると友達に自慢したい」という動機の裏にあるそれと、どれほど違うだろう？

僕の目には、他人の評価を気にするという、いかにも日本的な条件付けが根底にある動機という点では、両者は全く同じようなものに見えるのだ。

この場合の文化的な条件付けというのは、言うまでもなく、日本で生まれ育った日本人なら、日本文化特有の思考回路で条件付けられている、ということを意味する。

そしてこの条件付けは、旅行の動機に限らず、文化的行為全般の行動原理になっていそうだから、昨今の若者が昔の人と同じ動機の背景をもって旅先選びをしていたとしても特に驚くほどのことではないのかもしれない。

それでも、M女史との会話から二〇年以上も経って、団体旅行が当たり前の時代から、今や個人旅行も普通に出来る時代になって、行き先や旅のスタイルも多様化しているのに、その奥にある旅の動機の背景が世代を超えてこんなにも同じように残り続けているということに、今さらながらちょっとだけ驚かされたのだ。

大きく変わる外面と、あまり変わらない内実

もっとも、よく考えると表面的にはまったく違う別の行動様式に見えて、内面的にはよく似た文化的背景から行われた結果、平行進化みたいによく似たイベントになってしまっている、ということは他にも色々ありそうではある。

個人的にすぐに思いつくのは、九〇年代くらいに流行った「パラパラ」というダンスがある。

ギャルがディスコとかで、なにやら腕をくるくる回したり左右に振ったりしながら、二ステップの振り付けで踊っていたアレである。

当時からアレを見て、内心、これは何かに似ているなぁ、とは思っていたのだが、それが具体的に何なのか、なかなか思い浮かばなかった。

それが何年か前、ニュース映像で盆踊りの話題を見ていてやっと気がついた。僕らが子供の頃は、盆踊りといえば東京音頭と相場が決まっていたものだが、そのニュースによれば、近年はバブルのころに流行った『ダンシング・ヒーロー』で踊ることも多くなっているのだという。

そう、僕が「パラパラ」に似ていると思ったその何かとは「盆踊り」のことで、時代が巡って、今度はその盆踊りの方が、バブル全盛期のダンスミュージックを取り入れつつあるというニュースを見て、やっと両者の類似性に気が付いたのだ。

盆踊りの方は、もともと歴史的には、踊り念仏に端を発すると言われ、先祖の魂を供養するお盆の行事と結びついたものではあるが、実際には娯楽の少ない時代、田舎では体のいい男女の出会いの場になっていたと言われている。満月の夜など、日ごろのストレス発散も兼ねて、さながら和風ディスコのように機能してきたのだろう。パラパラを踊っていたギャルたちも、その内なる動機の背景に目を向けるなら、出会いを求めたり、日頃のストレスを発散したいということがあっただろうし、両者が偶然似たスタイルになっていたとしても別に不思議はない訳だ。

しかし、こういう書き方をすると「パラパラはともかく、インスタに旅先の写真を上げるのは、なにも日本の若者だけではないだろう。外国人の旅の仕方や動機だって、本当はそれほど日本人と違わないんじゃないのか？」と思う人もいるかもしれない。

そこで、まずは説明の前提として、なぜM女史がドイツ人（欧州人）の旅行の仕方と日本人のそれが違うと言ったのか、僕なりの勝手な解釈で解説してみたい。

バックパッカーとしてインドや東南アジアを旅していた頃、同じようなスタイルで旅をしている欧州からの旅行者と出会う機会は多かったから、M女史の指摘を受けるまでもなく、その頃から僕なりに欧州人の旅行スタイルが表面的には似ていても、実態としてのその内容が日本人のそれとは大きく違うことには気が付いていた。

たとえば、欧州からの旅行者は、どちらかというと単に旅行するというよりは、バカンス寄りのリゾート滞在を志向することが多く、それは僕が出会った、あまり裕福そうでない若いバックパッカーたちの間でも同様だった。

彼らの場合、バカンスといっても、それほど裕福ではないから、名のあるリゾートの高級ホテルに泊まることはできない。

ではどうするかというと、日本ではまったく知られていないような小さな島とかビーチに出かけて、その中で特に自然が豊かだったり、地元民向けの安く過ごせそうな格安バンガローがあったりする場所を発掘し、昔は口コミ、今ならＳＮＳなどで情報を拡散&共有して、皆でそこに集まるようにしていく、という傾向があった。

そのうち、その島に居ついてバーの経営に乗り出すものが現れたり、ダイバー向けのツアー会社を作るものが現れたりするうちに、いつの間にか、そこを彼らの理想のリゾートにしていってしまうのである。

今では日本でもそこそこ有名になったタイのパンガン島が、フルムーン・パーティーと称して野外フェス的なビーチ・イベントを開催して発展してきたし、今ならラオスのシーパン・ドンあたりがこれからそんな風に発展していきそうな雰囲気を持っている。

たぶん、彼らの文化的元型に、労働からの解放イコール楽園という図式があるのだろう。そして休暇中に出かける旅行とは、その楽園でのレジャーを楽しむために行くもの、という感覚があり、必ずしも名所めぐりや有名な場所を訪れて見聞を広げようということではないのだろう（もちろん東南アジアに来る時点でそういう目的の人が最初から少ないということはあるだろうが）。だからその場所が最初から特に有名であったり、設備が高級であったりゴージャスであったりする必要もなく、あくまでも自分たちが自由に楽しむことが出来るかどうかが重要で、他人からどう評価されるかは重視していないように見えたわけだ。

実際、彼らは日本人旅行者と比べると、時間や予算があったとしても、それほどあちこち忙しく見て回ろうとはしない傾向があった。

これに対して、日本人旅行者の場合、一部を除けば、バックパッカーと呼ばれる人たちの中でさえ、今まで何カ国旅したことがあるかとか、どれくらい長期間旅を続けているかとか、どれくらい旅の知識があるかなどをお互いに競い合うようなところがあって、会って話をすると、すぐにどちらが旅人として上かのマウンティングが始まることが多かった。

そして、それらに負けたくない人は結局、あそこの遺跡も見に行こう、こちらの寺院も見ておこう、と忙しく移動する傾向が多かったように思う。つまり、他人からどう見られるかという評価が重要だったわけだ。

ということで、この違いを前提に、欧州と日本のインスタ活用の内面的スタンスの違いについても、僕なりの勝手な解釈でもう少し説明させてもらうことにする。

たとえばM女史と出会ったヴュルツブルクには、通称レジデンツと呼ばれるバロック様式で建られた有名な宮殿があって、ユネスコの世界遺産にもなっている。

実は僕自身、ここは初めてのドイツ取材で訪れた、最初の世界遺産として強く印象に残った場所で、それなりに思うところがあったので、これを題材に説明してみたいと思う。

レジデンツとは一八世紀に建てられた領主司教の館で、館内上階には豪奢な内装で知られる「皇帝の間」とか、その控え室「白の間」「鏡の間」など、メインホールとも言うべき部屋もあるのだが、なぜかここではその上階へと至る手前の階段で、その名も「階段の間」と呼ばれる吹き抜け空間の方が、他の部屋よりも有名になっているのだ。

この「階段の間」、その名の通り機能的にはまぎれもなく単なる「階段」にすぎないのに、その吹き抜け空間は、ありえないほど大きな天井を、柱がないまま上辺に頂く構造になっていて、そのアーチ状の天井には、一枚天井画としては世界一大きい壮麗なフレスコ画が描かれているのだ。

単なる階段なのになぜそこまでゴージャスに造るの？　と思うほど豪華絢爛な造りなわけだが、その巨大さからくる迫力と、複雑で細部にいたるまで造り込まれた豪華さに目を奪われて、そんな疑問も吹き飛んでしまうのか、あまりその理由を詳しく解説した資料を目にしたことはなかった。

それでも何かの機会に現地のガイドに疑問をぶつけると、それは領主司教が訪問者に、その財力と威光を示すため、ということであった。

なるほどと思いつつ、後で自分でも調べると、もともと教会建築から発達したバロック様式には、訪れる信者の信仰心を喚起したいという意図があったと言われていて、この様式に共通する圧倒的に大きな空間と、目もくらむほどの絢爛豪華な装飾を施した内装というのは、その信者たちの信仰心を高める劇場空間であることを求めてのことであったという。

つまりこのレジデンツにも、同じ精神というか、同じ発想というか、同じような文化的条件付けがあって、それがこのような設計になって現れた、ということなのだろう。

レジデンツは教会でこそないが（一部に礼拝堂はある）、単に美しさを追求したという単純な話ではなく、信者や訪問者への権威の誇示があったという側面は間違いないようだった。

この権威を誇示することや、外観を必要以上に飾り立てようとする文化的性向は、バロック様式だけではなく、その後の欧州文化全般にも、考え方の基底として広く残っているように思う。

小さな事例では、例えばドイツでは窓辺やバルコニーには花を飾って綺麗にして、間違っても外から見えるところに洗濯物を干したりはしないし（法律で禁じられている訳ではなくても、皆、常識として外から見えるところに洗濯物は干さない）、町によっては、町ごと全部の景観を保つため、どの家屋も屋根の色が統一されていて勝手に別の色を使うことは許されていないなど、とにかく外見をよく見せようとする傾向は社会全般にあまねく浸透していて、時代と共に流行りのスタイルの変遷があったとしても、見た目で自己アピールする性向は彼らの生活全般で広く見られるのだ。

先に紹介した、ビュルガーシュピタールの「世界一古いワイン」というフレーズも、もしかしたらそういう、少しでも権威を示したいという条件付けから自然にでてきた宣伝傾向なのかもしれない。

これに対して、日本文化では明らかに自分を必要以上に大きく見せようとはしない傾向がある。

日本では自分が権威である、と主張するのではなく、自分のことを評価してくれる権威はあくまでも自分の外部にあって、自分はその外部の権威からの評価を受け取る立場である、と受動的にへりくだることが美徳とされてきたように思う。

これはかつて、幕府の将軍が実質的な権力を握っていても、天皇という権威から征夷大将軍の任命を受ける、という形式をとったところにも現れているだろうし、小さいところでは、お客をもてなすときにお茶を出すのにも「粗茶でございます」とへりくだってもてなすところにも現れているだろう。

良いお茶かどうかは客人が判断することで、たとえ高級なお茶であっても、もてなす側は粗茶でありますと控えめに出すのが日本文化の普通の感覚になっていると思う。

だからインスタを利用するシーンでも、日本人の投稿では「評価は、あくまでもそれを見た相手がするもので、投稿した自分は良い評価を受けられたらうれしい」という受動的発想があるように感じられる。

これに対して欧州の場合、基本的に自分の評価は自分で下すというスタンスの人が多いように思う。

もともとが階級社会で、身分を現すためにわざわざドレスコードがあるような文化の人たちが、いまさら他人からの評価で自分が何者であるかを確かめようとしたりはしないのだろう。

レジデンツのように、あくまでも自分の権威、権勢、身分などを積極的にアピールするか、あるいはただ単に自分が良いと思うことを広めたい、あるいはもっと単純に自己主張したい、というような理由でインスタを利用しているように見えるのだ。

この欧州人の自己主張の精神が、庶民の日常にも深く浸透している例として、僕がいつも思い出すことがひとつあるので、それもついでに紹介しておこう。


ドイツの有名観光地では、繁忙期にだけ民宿として営業している宿というのが結構ある。取材ではあまり贅沢は出来ないので、僕はそういう安い民宿に泊まる機会が多かったのだが、その手の宿に泊まると、必ずと言っていいほど聞かれる質問があって、その質問を聞くたびに、ああドイツに来たんだなぁ、と思うのだ。

最近はそうでないところも少しづつ増えてはいるが、ドイツでは伝統的に宿泊施設は朝食も提供するものと決まっていて、安い民宿でも一応そのスタイルで運営されている。

ということは、宿泊すると自動的に朝食が宿代に含まれていて、こちらが特にお願いしないでも朝食は用意してくれるのだが、それならそれで、好きに作って適当に用意しておいてもらって何の問題もないのに、この手の宿では必ずと言っていいほど、その朝食の前日の夜に、翌朝の飲み物はコーヒーにするか、それとも紅茶にするか、卵はゆで卵がいいか、スクランブルがいいか、それとも目玉焼きにするか？　と聞かれるのである。
最初はたまたま自分が泊まった民宿だけがその質問をするのかと思って気に留めてなかったが、どこの地方のどの民宿に泊まっても、判で押したように同じような質問を受けて、その度に自分の好みを言わないといけなくなるに至ってやっと、これもまたドイツ人気質の問題から生じる質問なのだと気が付いた。

ドイツではあらゆる場面で「自己主張」をしないとなかなか自分の思い通りに事が進まない傾向があり、日本みたいに放っておいても周りが気を遣ってくれて物事が潤滑に進むということは少ない。
だから朝食の飲み物の好みを先に聞くのも、ドイツ的には単に親切心から質問しているだけだったのだろうが、逆に言えば、あちらの国では、みな自分の好みを強く自己主張する人たちばっかりということで、日本のようにこちらの好みはおろか、注文もしていない段階で勝手に「お通し」が出てくる居酒屋に何の疑問も感じない国から来た身としては、そんなところにも違和感を感じてしまうのであった。

同じ事を同じようにやっているように見えて、内面の条件付けが違えばまったく違う文脈による行為になる。

受動的に評価を受けることに喜びを感じて、その数を競うようになる日本人の感覚と、できるだけ自己の権威を周囲に自己主張して認めさせたい欧州人では、同じインスタ利用でも意味合いが違ってくるのではないだろうか。

先とは別のネット記事で、インスタ映えするスポットはいわゆる旧所名跡と呼ばれる場所よりたくさんあるから、今のほうがよっぽどあちこち行くのに忙しい、という感想を言う大学生がいたが、そんな風に出来るだけ多くの場所を巡ろうとする様は、まさに昔の日本人旅行者が、そこに行くこと自体を目的に、お互い競い合うように有名な場所を訪れていたのと大して変わっていない様に思えてしまう。

特にＳＮＳで「いいね」の数を競うという感覚は、昔の旅行者が自分の旅した国の数や、旅の期間の長短を自慢する感覚に酷似しているように思えるのだ。

異文化にふれて気がつく「境界」

旅に出て最初に気が付くことのひとつは、自分の生まれ育った場所の自然環境や景観、街並みなどと、旅先で出会うそれらとの「違い」ではないだろうか。

これらの「違い」は、地理的、気候的、物理的な違いであって、要するに、外観とか見かけ上の違いである。

この手の違いに気が付くのは簡単だし、それに気が付いたからといって、特に何か自分の中で変化が起こるという訳でもない。

しかし何らかの事情で、例えば留学しているとか、仕事で駐在しているとか、M女史のように結婚して移住していたりとかすると、現地の人たちとの交流と接触から、たとえ街並みの景観の小さな違いであっても、実はその違いは、そこに住んでいる人たちの物事の捉え方や考え方に、自分のそれとは異なる何かがあって、その違いが（自然環境を除けば）外側に反映されているのだ、と気が付くようになる。

いやしくも旅人として旅をしているという人なら、この捉え方に同意してくれるだろうと思う。

そしてそんな風に、他国でそこに住む人たちとの内面的な「違い」に気が付くということは、自分自身の内面の「条件付け」に気が付くということでもあると思う。

外面の違いだけに注目して、その写真をインスタに上げるだけで満足するというのは、僕の目には、サファリパークに動物たちを見に行く感覚に似ているように思える。

サファリパークでは、動物たちを見に行っても、自分は見学車から降りなくてもかまわない。いや、というより、実際には降りることは許されていない。あまりに危険だからだ。

そしてパーク内の動物たちと自分との間には、柵や檻こそ無いものの、外界と自分を隔てる

Travel photo gallery 2

Berlin, Love Parade

1997年のラブパレードの様子。この頃はまだフィルムで撮っていた

カメラを頭上にかかげ、ノーファインダーで撮った夕暮れの群衆

トラックに乗って盛り上がる。祭りの山車のような感じ

６月 17 日通りに集まった人々。同じ群衆でもインドより秩序を感じた

普段の秩序を打ち壊そうとすると、反対側に表面だけ形を変えた別の秩序が生じる

「境界」として、自分の外側に見学車が存在している。

つまりこの場合、世界と自分の「境界」は、自分の外側にあり、従って自分には直接関係がなく、自分の側の変化や対応は要請されていない。

これに対して、旅先で現地の人たちと何らかの交流をするような立場に置かれるというのは、野生動物がうようよいる自然公園に丸腰でキャンプしに行くような感じであろうか。

そこには、自分と世界の「境界」は、実は自分の外側にある何かではなく、内面的な条件付けなのだ、ということに気が付く危険性が存在している。

そしてそれは、情け容赦なく、自身になんらかの対応や変化を求めてくるのだ。


僕はここで、ドイツ文化の方が日本のそれより優れているとか、逆に日本の文化の方が他国のそれより優秀だ、というようなことを言いたいのではない。

何であれ、何かの違いを認識すると、すぐにその違いの優劣を比較したくなるのは分かるが、ここで大事なのは、あくまでもそのような違いを生み出す背景について知ること、自分の内面の条件付けに気が付くことだと思うからだ。


僕は旅の途上で、現地在住や長期滞在中の人に出会う機会があると、現地の文化をどう思うかとか、自国文化を振り返ってどう思うかという質問をぶつけることがよくあったのだが、どこの国にいっても、自国文化に関する感想というのはある程度は共通していた。

それは、海外に長年住んでいると、その国の文化に影響を受け、ものの見方や考え方がいつの間にか在住国仕様を取り入れて変化することがある一方、逆に自分の中の変わらない日本的な部分に気が付いて、それを今まで以上に大事に失わないように守ろうとするようになったり、それまで気にしたことがなかった日本の歴史を勉強してみようと思ったり、日本の良さを再認識して、今まで以上に、より日本人らしくあるようになるというものだった。

もちろん、人によってその比率や度合いは様々だと思うが、海外に出ることで、より強く日本人であることを意識する、という部分は、どこの国に行った人にもだいたい共通していたのだ。


ちなみに最近では、ネット上でもこの手の海外から見た日本文化の話を書く人は多く、割と広く知られているというか、半ば常識にもなっているようで、たまに初対面の人に、僕が昔、放浪の旅をしていたという話をすると「でも海外に行っても、結局日本が一番良いって分かるだけでしょ？　他の国を体験すると、かえって日本の良さが分かるようになるんでしょう？」と真顔で聞かれることもあるくらいだ。

もっとも、そう聞いてくる人に「あなたも海外に長くいたことがあるんですか？」と聞き返すと、「いや、一度も日本を出たことがないんですけど」と返されて困惑するということも多いのだが。

たぶんそういうことを言う人は、自身の「境界」が作り出す違いではなく、単に外面的な違いにしか目がいっていないのだと思う。つまり、ただ単に違いを比較して優劣を付けているだけなのだ。

先にあげた、海外に出ると日本人であることを強く意識するというのは、その「境界」を内面に感じるからこそ出てくる感想で、別に優劣をつけたいからではなく、仮に欧州文化の方が優れているところがあると感じる場合でも、自分は日本人だから彼らのまねはしたくない、というような複雑なケースもあって、この辺りは実際に現地で体験しないと本当の理解は難しいように思う。

海の中で生まれ、海の中で育ち、一度も陸に上がったことのない魚は、外から海を見ることがないので、その真っ只中で生きているのにかかわらず、「海」というものが何なのかに気が付かない、というたとえ話があったと思う。

同じように考えると、日本に生まれ、日本で育ち、一度も海外に出ることがなければ、日本文化やその条件付けがどういうものか、その本当の正体に気が付くこともない、ということになるかもしれない。

物事を認識するためには差異というかコントラストが必要で、対象とその背景の「違い」がないと、そもそも対象を認識することすら出来ない。

そして、その差異＝境界を、もっとも簡単に、自然に意識するようになるきっかけとなるのが「旅」だと思うのだ。

ということで、次節では、この「境界」を生み出す内的条件付けについて、もう少し深く突っ込んだ話を書いていく。

2　カルチャーショック　スリランカで洗礼を浴びる

バンコクでオープンチケットを購入してインドを目指していた僕は、なぜかスリランカの地に立っていた。

これは時空が歪んでしまったからではなく、実はいったんスリランカに立ち寄ってからインドに入るルートをアレンジしていたからなのだが、今にして思えば、なんでそんな非効率的なルートを選択したのか記憶があいまいだったりする。

たしか、インドに入国してからスリランカに立ち寄って、その後またインドに戻るより、最初にスリランカへ立ち寄って、それからンドに入ったほうが、ビザの有効期限を気にせずゆっくり回れるかも、と思っていたからだったと思う。

実際、初めてのスリランカは、期待以上にすばらしいところで、ビル並みに背の高いヤシの木が何十メートルも続く圧巻のビーチがあったり、山間に茶葉の緑の絨毯が美しく波打つ高原地帯があったり、象の群れもたわむれる草原の自然公園まであって、コンパクトな国土のわりに変化に富んだ自然景観がすっかり気に入り、二〜三ヶ月あちこちうろついていた記憶がある。

この当時、スリランカはまだ、北部を実効支配していたLTTE（タミール・イーラム解放のトラ）との内戦が終結していなかったが、その北部に近づかないかぎり危険なことは何もなかったようで（たまにテロ的な事件はあったらしいが）、少なくとも僕の滞在中に危険を感じたことは一度もなかった。

日本では、有名なガイドブック、なんとかの歩き方シリーズのスリランカ編もまだ出ておらず（ちょうど僕が滞在中に初版が刊行されたと旅行者から聞いた）、観光客も極端に少なく、国としてもまだ、今よりはるかに貧しい時期だった。

タイのバンコクにはそれほど長逗留しなかったから、この国が僕にとって実質的にはじめての旅先国となったわけだが、豊かな自然と、観光地としてあまりスレていない牧歌的な雰囲気に浸りながら旅するうち、自分でもそれまで全く自覚していなかった自身の固定観念というか、内的条件付けに気が付く機会にも多く恵まれた。

ということで今回はまず、この頃感じたカルチャーショックの話からはじめてみたいと思う。カルチャーショックは、旅の最初の頃のほうが新鮮で強烈に感じるものだし、そこで感じた問題意識を元にしたほうが、前節で書いた「文化的条件付け」についても説明しやすいと思うからだ。

そのスリランカで長距離バス（鉄道の代わりにバス移動が発達していた）に乗って次の目的地を目指そうとしていたときのことだ。

定刻までまだ時間があったので先に乗り込んで出発を待っていると、小学生低学年くらいだろうか、まだ幼さが残る子供の物乞いが乗り込んできて、出発までの時間、乗客の間を回ってバクシーシを求める、ということがあった。

バクシーシとは本来「喜捨」のことだが、広く南アジアでは単なる物乞いへの施しの意味に使われ、特にインドでは旅行者がよく遭遇するその手の貧者の代名詞にもなっている。

スリランカでもバクシーシに出会うことはあったが、インドほど強引でもなければ頻度も少なく、もともと仏教国で、お坊さんに喜捨するというような本来の意味でのバクシーシも身近なものだったので、あまり気に留めることもなかった。

ところがそのバスに同乗していた、ある旅なれた雰囲気の日本人旅行者は、子供たちが物乞いする様子を見て、僕にこんなことを説明し始めた。

「ああいう子供たちって、自分の意思で物乞いしてるように見えるけど、子供たちをまとめる元締めみたいなのがいるのは知ってる？」

「元締め、ですか？」

そういう話は初耳だった。

「そう、親がやらせてる場合もあるだろうけど、何人かまとめて〝売り上げ〟を管理する元締めがいるんだよ」

「うーん、でも言われてみれば確かに子供たちだけというのは不自然ですね」

そんなこともあるのかと僕が納得しようとすると、その旅行者は追い討ちをかけるようにさらに混乱するようなことを言ってきた。

「それだけじゃないんだよ。ここではそういうのは居ないかもしれないけど、インドに行くとね、手足がなかったり目がつぶれて見えなかったりする子供がいるんだけど……それって実は、親が子供を乞食として食べていけるように、わざとそうするんだよ」

「えっ、わざとって、親がですか？　自分の子供を？　生まれつきでもないのに？　なんでそんな」

さすがにこれはちょっとした衝撃だった。いくらなんでも、実の親が我が子にそんな風に手をかけるものなんだろうか？

「五体満足だと、仕事がない場合、飢え死にするしかないだろう？　手足をもいだり、目をつぶしたりしておけば、誰かが面倒を見てくれるし、乞食として食べていける。生きていくためにわざとそうするんだよ」

僕が衝撃の余韻で黙っていると、その旅行者はさらにこう続けた。

「だから自分はバクシーシはしないようにしてるんだ。それで食べていけると思わせるのがいけない。施するのが良いこととは限らないんだよ」

アジアを旅していると、検証しようがない都市伝説をよく耳にすることがあった。インドだと有名なのが、ミドリさん伝説という、売春しながら旅費を稼いで旅してるミドリさんという女性がいるというものであるとか、大抵は真偽のほどが分からず、最後はなんだ作り話か、と後から気が付くことができる程度のものだったが、この話は作り話で済ませるには度が過ぎていて、真剣に考え込まざるをえなかった。

生きていくためとはいえ、親が自分の子供をわざと不具者にするなんて、いくらなんでも常識外れすぎる。はじめて聞く人ならまず信じる気にはならないだろう。

僕も最初は半信半疑だった。だが、この旅行者だけではなく、複数の旅なれた旅行者たちがみな、このことをいわば旅の常識とでもいうように知っていて、真顔でバクシーシを施すことが良いとは限らない、というのを聞いているうちに、そして実際にこの後インドを訪れ、コルカタで本場のバクシーシを体験したりするうちに、次第にこの話は本当なんだろうと思わざるをえなくなっていった。

それまで僕は、貧しい人に施しをするのは当然で、相手にとっても良いことだと単純に考えていた。というより、そのことについて特別深く考えたことすらなかった。

それがまさか、世の中には貧しさを商売道具にして生きている人たちがいて、それに対して施しをすることは、彼らを本当に助けることにはならないとは。

またあるとき、別のバスに乗っていると、今度は黄色い袈裟を着たお坊さんが乗車してくるということがあった。スリランカは上座部系ではあるが仏教国で、今でも頭を剃ったお坊さんがたくさんいる。ちなみに、日本ではお坊さんの袈裟は黒と相場が決まっているようだが、こちらではみな黄色が普通だ。

僕がバスの前のほうに座っていると、そのお坊さんは乗りかけたものの、僕が座っていることに気が付くと、そのまままきびすを返して下車しようとした。

実はそれ以前に誰かから、スリランカでは、バスの最前席はお坊さん専用だから座らないほうがいい、とは聞いていた。しかしこのときは、そのことをうっかり失念して、誰もいなかったのでそこに座ってしまっていたのだ。

そのことを思い出して、あわてて席を空けてお坊さんに座るように促したが、いや、すぐに次のバスが来るから自分はそっちに乗るからいい、と言って降りようとする。特に怒っている風でもなかったのでそれ以上強く勧めはしなかったのだが、結局、僕が後ろの席に移動したあとも、そのお坊さんはバスには乗らなかったのだ。

後日そのことを、ある旅行者と話す機会があったが、その旅行者もお坊さんの振る舞いには不満があったようで「そうそう、こっちの人は物乞いとかもそうだけど、バクシーシしてもお礼のひとつも言わないでしょう？　あれが嫌なんだよね。みんな感謝しないんだよ」と言っていた。

その旅行者の言うとおり、確かにバクシーシに応えて小銭を施しても、誰もそれに感謝しないで当然のように立ち去っていく、ということが多かった。というよりその後もずっと、思い出すかぎり、そのことで感謝されたことは一度もなかった。

もっとも、僕自身はそのこと自体に不満を覚えたということではなかった。しつこくバクシーシを求められ、まとわり付かれ、道をふさがれ、あまりに邪魔だから追い払いたいという感覚で、日本円にしたらごくわずかの小銭を施すことはあっても、感謝してもらいたくてバクシーシしているという感覚ではもはやなかったからだ。

そういうやり取り自体が、本来の「喜捨」でないのは明らかだったし、実はそれ以上に、本来の「喜捨」の意味からしても、施しをもらうほうは感謝などしない理屈になっていることも知っていたからだ。

本来の「喜捨」には、施すほうが徳を積む、という意味がある。だから、徳を積むことは得がたい機会とみなされ、そのような機会を与えてくれてありがとうと、お礼をいうのはむしろ、バクシーシを施す側であるという理屈になっているのだ。

こういう理屈については以前、はじめてのインド訪問時にすでに聞いていたので、相手側がバクシーシに感謝しないこと自体は僕的には納得できていたのだ。

しかし物乞いを職業化していたり、生きていくために子供を不具者にしたり、バスの最前列に座ることが当然の権利になっていたりということになると、さすがに違和感を感じないわけにはいかなかった。

あの旅なれた旅行者が言ったように、本当にバクシーシは施さないほうがいいのだろうか？それとも事情はどうあれ、喜捨の本来の趣旨にのっとって、いくばくかでも施すべきなんだろうか？


当時、僕が安宿などで知り合った欧州からの旅行者の間では、施しすることは良くないことだ、という論調が圧倒的に優勢だった。

ある白人女性バックパッカーは、「施しは絶対にダメ。彼らも働くべきだわ。甘やかしても逆に彼らのためにならないのよ」と厳しい口調で断言したものだ。

こういう場合、欧州系文化圏の人は、文字通り有無を言わせぬ絶対的な態度というか、それはそれは冷たい態度をあらわにする。

彼ら自身、子供時代に教育されたときの親の態度を反映しているのだろうか、それとも一神教の影響で絶対的な正義を信じているからなんだろうか、とにかく側で見てる方がハラハラするくらい冷淡な態度をとるのだ。

それまで何かの書籍で、日本人は情緒的でどっちつかずであいまいな玉虫色の態度をとることが多いのに対して、欧米人は合理的な判断で白黒はっきりさせて情に流されたりしない、というような話を読んだことはあった。

しかし、実際に見ると聞くとでは大違いで、僕が見た彼らの合理性とは、単に多くの要素を考慮しないから単純なだけだったり、情に流されないというのも、本当は自分勝手で無情なだけなんじゃないかと思ったものだ。

ということで欧州系バックパッカーとの出会いも、ちょっとしたカルチャーショックだったので、それについてももう少し書いておこう。

欧州系白人バックパッカーの実態

かつては、日本で外国人を見かけることは都市部でも比較的珍しいことだった。それが地方の田舎となれば、ガイジンは動物園の珍獣並みの扱いだった。僕は高校までの一時期、北海道に住んでいたことがあったのだが、そこでは中学の英語の授業で、担当教師がわざわざモルモン教の布教に来ていたガイジン青年二人組を連れて来たことがあったくらいだ。

そんな訳で、自分では特に白人コンプレックスや、欧米文化に憧れるような気持ちは無いつもりだったが、それでも映画やＴＶの中くらいでしか見かけてこなかったガイジンと旅先で直接交流するようになってみると、最初のうちは無意識のうちに相手を上に置くような扱いをしているることに気が付くこともないではなかった。

だが、僕のそんな態度を、ちょっと白い目で見てる日本人バックパッカーがいた。

「自分だったら、彼ら（白人バックパッカー）には自分から話しかけたりしないな」

その日本人青年は機をうかがって僕にそう忠告してきた。彼は普段、穏やかな感じの大人しそうな人で、旅の経験は豊富だったから、同じ宿で話しかけて、一緒に近くの観光地まで行動をともにしていたところだった。

「え、どうしてですか？」

僕が不思議に思って聞き返すと、

「まあ、向こうから話しかけて来たら対応するけどね。でも、自分から話しかけようとは思わないな」

とだけ答えて、僕が重ねて説明を求めても、

「そのうち分かるよ」

とだけ言ってそれ以上は何も説明してくれなかった。

この頃は旅をはじめたばかりで、本当にその意味が分からなかったのだが、とりあえずその青年は普段は良い人なので、それ以上は気にしないで深く追求しなかった。

しかし、その理由を知る機会は意外に早く訪れた。

先に書いたとおり、欧州系バックパッカーは、どちらかというとバクシーシを拒絶する傾向が強いのだが、話だけではなく、彼らが実際に物乞いに対処している現場を目撃することがあったのだ。

ある白人カップルが、観光地で何かスナック菓子みたいなものを食べながらイチャイチャしていると、彼らの後ろから、痩身の物乞い女性が近づいてきて手を伸ばしバクシーシを求めてくるということがあった。

すると彼らはニヤニヤ笑いながら振り向いて、わざと見せつける様に身を乗り出してその物乞いの前でスナックをゆっくりおいしそうに食べるてみせると、子供たちが囃し立てるときに使うような裏返った甲高い奇声で何か馬鹿にした言葉を浴びせたかと思うと、今度はプイッと背を向けて、あとはその物乞いが何を言おうと一切無視してその場を立ち去ったのだ。

別に特段の大声で怒鳴りつけたわけでも、暴力を振るったわけでもなかったが、見てるこちらの気分が悪くなるくらい酷い態度だった。

差別……そんな言葉も頭をよぎった。しかし彼らにその態度の意味を問いただしても、それが差別だとは決して認めなかっただろう。むしろその物乞いのためにバクシーシの無益さを教えていたんだ、とさえ言い出しそうな堂々とした態度だった。

黙って見ていると、彼ら欧州系バックパッカーは、物乞いに対してだけではなく、現地で出会う普通の人に対しても、あまりほめられたような態度を見せることは少なかった。

それでも僕があの青年の忠告の意味にすぐには気が付かなかったのは、彼らも相手が同じ旅行者同士だと、僕みたいなアジア人でも、すぐにあからさまに差別的な態度で接するということが少なかったからだと思う。

そんな鈍感な僕も、彼らと何度か話をするうち、彼らのその粗野な振る舞いが直接自分に振り向けられて嫌な思いをすることも出てきて、ようやく疑念が確信に変わっていった。

たとえば、ある英国人と日本の食べ物について話をしたときのことだ。

「スシってあれは調理しているの？　それとも生なの？」

日本的には、鋭利な刃物で魚をさばいて切り身にする事自体、高度な調理技術だと思うのだが、英語での調理する（Cook）はたしか熱を加えることだったな、と思って
「えーと、生だよ」

と答えると、オエェーッと何か吐き出すようなしぐさで気味悪がってみせたりするのであった。

今でこそスシは世界的なブームで、英国でも高級料理として市民権を獲得していると思うが、当時は米国西海岸のカリフォルニアロールが話題になった程度で、欧州ではまだまだ認知度が低かったのだ。

欧州文化に詳しい人なら「英国人って言っても労働者階級なら、自国内でもその程度の反応

Travel photo gallery 3

Portraits at the border

最初の旅の中で撮ったもの。ネパールの、確か寺院の入り口での光景

カメラを向けると最初は視線を合わせてきたが、それでもずっとカメラを向け続けると、
ふと視線を外して自然な表情を見せてくれた

何かの建物の入り口で、所在なげに座っていた青年。これら３枚の写真はどれも、何かの入り口、つまり「境界」の間際で撮っている。「境界」とは光と影の境目でもある

は仲間内で普通にやっているだろうし、特に差別意識のあらわれというほどではないな」と思うだろう。

今なら僕もそう思うかも知れない（そもそも彼らの本気の差別モードはこんなものではない）。しかし日本文化の温室でぬくぬく育った当時の自分にとって、これはかなりショッキングな反応だったのだ。


僕が見るに、この当時アジアを旅していた日本人は、自分も含めて欧州文化に対する憧れのようなものがない人がほとんどで（あったらインドなど目指さず真っ先に欧州に旅立っていただろう）、こんな風に嫌な思いをした共通体験からか、自然と欧州系バックパッカーを避けるような傾向があった。

第Ⅱ章2の〈分からないまま探してみる〉で、アジアにはなぜか日本人ばかり集まる日本人宿がある、という話を書いたが、そうなった理由のひとつは、この欧州系バックパッカーとのいざこざを避けるためということもあったと思う。

少なくとも、僕が出会った長旅している旅人たちは、あの忠告をくれた青年をはじめ、それまで日本で流布されていた欧米文化礼賛観に疑問を感じるようになっている人がほとんどだったのだ。

僕は旅に出る前、人間というのは、百人いたら百人ともそれぞれがユニークで、考え方や感じ方も人それぞれ違うのが当然だと思っていた。

漠然とではあるが、物の見方や振る舞い方だって、その気になれば誰でも自由に新しいものに変えることができるはずだと思っていた。

しかし、実際に旅に出て異文化に触れてみると、日本人は皆、多かれ少なかれ、なんだかんだで日本的な物の見方や感じ方が共通しているし、それは欧州系の人たちや、インド文化圏の人たちも同じことで、それぞれの傾向でまとまっていて飛び抜けてユニークな人などいなかった。

揺さぶられる「境界」

前節の最後、〈異文化にふれて気がつく「境界」〉の中で、僕はこのような違いを「境界」と表現して、内面的な物の見方の違いが「境界」を生み出すのではないか、というような書き方をした。

外面的な事象の違いや、些細な生活慣習の違いは、郷に入っては郷に従えで、面白がって相手国の文化に合わせていれば良い。

しかし、旅を進めるうちに、その表面的違いの奥に潜む、物の見方や考え方といった内面的な違いまで見えてくるようになると、先に書いたバクシーシのときのように、本当にこのまま郷に従って良いのか？　となってくる。

特に、絶対的に自分が正しいと思うような「価値判断」に関わる部分に触れる「違い」に関しては、単に理屈の上でどうにかできないくらい強い拒否反応が出てきてしまい、本当にその先に進むことの出来ない境界があるように感じてしまうのだった。

先に書いたバクシーシに関して言うなら、それ自体は別に道徳的に許せないという程の行為ではなかった。むしろその元の理念には、富める者がそうでない者を助けるという側面もあり、施しを授ける方が受け取ってくれた者に感謝するというのも、むしろ美しい考え方に思えた。

多くの人が疑問を感じ、僕自身、本当なら許せないと思ったのは、子供を不具者にするとか、元締めがいて仕事として管理しているとかの部分である。

ただ単に科学的に、あるいは論理的におかしいというだけなら、昔からの伝統だから迷信もあるだろうと、笑って済ませられたかもしれない。

しかし、そこに「価値判断」が絡んできて倫理的におかしいとなると、そう簡単に納得することは出来なくなるわけだ。

たとえば「喜捨」に関しては、インドやスリランカだけではなく、輪廻転生やカルマを信じてる国、特に上座部系仏教の国では共通していて、タイやミャンマーでも同じような考え方がある。

後年、ミャンマーを訪れたときのことだ。そこではインドのように、物乞いが観光客に殺到してバクシーシを求めたりすることこそなかったが、寺院の参道脇で小鳥を売っている人を見かけるということがあった。

地味な野鳥みたいな小鳥が、鳥かごいっぱいにぎゅうぎゅうに詰め込まれるようにして売られていたのだ。

こんなところでなぜ小鳥を売ってるのかと思って話を聞いてみると、その小鳥売りは、実はその小鳥そのものを売っているのではないという。

そうではなく、捕まってかごに入れられた、かわいそうな小鳥を逃してやる権利、つまり小鳥を逃して徳を積むという権利を売っている、というのであった。

いやいやいや、それなら最初から捕まえなきゃいいだろうと思ったものだが、迷信（と決めつけてしまうのは気が引けるが）とは恐ろしいもので、なぜかそれが商売として成立してしまっていたのである。

こういう事例は、論理的におかしいし、本当に功徳があるのか科学的にも説明できないわけだが、世間ではそれほど話題にならないようで、大騒ぎする旅行者も少ないようだった。

ちなみにこれに関しては、そのお隣のタイでも同じようなことがあるそうで、タイではこういう功徳のことをタンブンと呼ぶのだそうだ。

自分の子供を不具者にするよりかははるかにましだが、基本的な考え方は共通しているんだなと思ったものだ。

バクシーシ以外で強い憤りを感じるようなカルチャーショックというと、おそらくインド方面なら、多くの人が体験するだろう悪名高い、買い物時のボッタクリだったり、何を買うにもそもそも値切り交渉が必要なことだったり、道を聞いてもデタラメを返されたりするというようなことだろうか。


こういった倫理観をさかなでするような「違い」に触れてカルチャーショックを感じる場面というのは、最初はだいたい「そんなんだからいつまで経っても途上国のままで発展しないんだよ！」とか、自分が正しくて相手が間違っているという、差別的な発想と偏見を伴った見方に終始することになることが多いと思う。

僕自身、最初はどう対応するべきなのか、なるべく相手の側に立って考えてみたりしたが、それでも限度があってなかなかうまい対処法は見つからなかった。

バクシーシにはどう対処するのが正しいのだろうか？　ボッタクリに合わないようにするにはどうすればいいのだろうか？　道を尋ねると適当な返事しかしないようなウソばっかり言っ

てるインド人たちと、どう折り合いをつけて旅を続けていくべきなのだろうか？

インドという国は、反発して嫌いになって二度と行かなくなるか、逆に面白さにハマって好きになって何度も行くようになるかのどちらかだ、とよく言われる。

反発してインドなんて嫌いなるのが正常なのか？　同調して面白がって、好きだから悪い面は見てみぬ振りでもしておけばいいのか？　それとも何か別の対処法があるのだろうか？

ということで次節では、実際にインドに渡って旅を続けるうちに見えてきた、これまでとはまったく違う境界に対する「物の見方」について書いていく。

3　ありのままに見ることの難しさ

ゴッサム・シティ、もといコルカタへ

うわさのゴッサム・シティへ

「あんなすごいゴッサム・シティ、見たことない！」

スリランカを旅している途中、とある町のとある安宿で出会った現地在住のボランティアで、いわゆるＪＩＣＡの海外協力隊員は、コルカタ（旧名カルカッタ。この当時はまだカルカッタだった）の街についてそう言った。

「ゴッサム・シティ……ですか？　どういう意味でしたっけ？」

僕はそのＪＩＣＡの青年二人組に、これから訪れるインドの街、コルカタについて話を聞いていたところだった。

「バットマンは観てない？　バットマンの舞台になってるところなんだけど、ニューヨークを近未来的にして荒廃させたような設定の架空の都市で……そのゴッサム・シティをそのまま現実にしたみたいな、ものすごい何というか、すごい〝大都会〟なんだよ……な？」

その青年が、もう一人に同意を求めると、相方も同調してうなずく。

「そうそう、もう、すっごい〝大都会〟だった。あんな〝大都会〟見たことないってぐらい」

バットマンとは、言うまでもなく、あの有名なアメコミのヒーローもののことだが、ここでは一九八九年に公開されたティム・バートン監督の映画のことを指していた。

「大都会？　そんなにすごいんですか。高層ビルとかもありましたっけ？」

僕はまだその映画を観ていなかったので、いまいちゴッサム・シティのイメージが湧かなかったのだ。

「そんなに高い建物はなかったけど、街の雰囲気とかね。自分はニューヨークとかにも行ったことあるけど、そんなの比べものにならないくらいの大都会」

「でも物乞いとか、貧しい人もすごく多いんですよね？」

それより以前、一度だけインドを訪問したときにも、その訪問先の街にスラム的な地区を見かけたし、インドの場合、都市部ならどの都市にも同じように、ちょとしたスラム街みたいになっているところがあるという話は聞いていた。

ただ、その中でもコルカタのそれは他都市を圧倒してひどいらしいとも聞いていて、どれぐらいすごいスラムなのかということにも興味があったのだ。

「貧しい人は多いよね。でも普通のインド人はあんまりスラム的な場所に近寄らないし、同じコルカタでも場所によって全然違うと思うよ」

話がコルカタの貧しさに及ぶと、二人はこれまでのふざけて煽るような話し方から、ちょっとだけまじめなトーンに切り替えて説明し始めた。

「そうなんですか。確かに貧富の差は大きそうですもんね」

僕はカースト制度のことを念頭に受け答えしていた。

「それもあるけど、旅行者の泊まる辺りとか、僕がお世話になった家の女の子とかに聞いたら、そんな危険なところ一度も行ったことないって言ってたな」

旅行者の泊まる辺りというのは、バックパッカーが集まることで有名なサダル・ストリート周辺のことで、お世話になったというのは、ＪＩＣＡの隊員としてコルカタにいたことがあるということらしかった。

「へぇ、コルカタに住んでるのに、一度も行ったことない、ですか?」

「インドだと女の人は買い物にも出ないし、意外とそんなもんみたいだよ」

知ってる人も多いかもしれないが、伝統的なインド社会では、買い物は主に男の役割で、結婚して家に入ると、女の人は一人だと市場に買い物に出かけたりすることもしなくなるという。

思い返すと、あのＪＩＣＡの二人は、バックパッカーが旅先で出会うようなインド人が、必ずしもインド人の典型という訳ではない、ということを言いたかったのかもしれなかった。

このときのやり取りは、本当に何気ないやり取りではあったが、ゴッサム・シティという語感の面白さと、大都会と言ったときの彼らの大げさな表情が妙に印象に残っていて、後に実際にコルカタを訪れたときにも、これがゴッサム・シティか！　と思わずひとりごちてしまったぐらいだ。

スリランカの旅は、ちょっとしたカルチャーショックはあったものの、今振り返ってみても、これ以上ないくらいのすばらしい旅となった。

具体的に何がどうすばらしかったのか、後から人に聞かれることも多いのだが、それを言葉で説明しようとすると、何もかも陳腐に感じてしまう、そういう種類のすばらしさがあった。

たとえば田園地帯を散策していたとき、空から大きな白鷺が音もなくすべるように飛来してきて、近くに舞い降りたときの光景。

それから、夕暮れに赤く染まった名もない小さな湖で、壺をもって水汲みをする少女を見かけたときの光景。

あるいは、翼を広げるとタカやトンビくらいもありそうな大型のコウモリが群れをなして、ゆっくりと大木の周りを旋廻していた光景など。

どれもこれも、後から思い出そうとしても、あの感覚はなんだったのだろうと思うような、時間が止まってしまったような不思議な感覚があって、その光景に吸い込まれるように身を任せるようにただ見入ってしまうということが度々あった。

もっとも、どういうわけか、後から思い出そうとすれば、そのときの光景は確かに思い出せるのだが、その場にいたときの、あの不思議な感覚までは、なぜかうまく思い出せないのだ。

夜、何か夢をみて、そのときはものすごく現実感があったのに、朝、目が覚めてしまうと、記憶がおぼろげなものになっていて、ああ、あれは夢だったのかと分かるときの感覚の逆バージョン、と言えば少しは伝わるだろうか。

後から思い出したときに、そのときの現実感が思い出せないという点では、夜に見る夢に似てはいるのだが、夢は朝起きると現実ではないとすぐに分かるのに、そのときに感じた感覚は、後から思い出している今の現実のほうが色あせて見える、という点で逆なのである。

人の記憶には、感覚記憶、エピソード記憶、そして意味記憶と場所の記憶など、いくつかの層があると言われている。その中でもたぶん最も深いところ、表層のエピソード記憶が忘れ去られ、たとえ記憶喪失になって場所の記憶さえ思い出せなくなったとしても、何か大きな波のようなものが、海岸線の脆くなった岩を削り取ってその形を変えてしまうように、心の奥深いどこかに生涯変えることができない何かを刻み付けた感があった。

たぶんインド（に限らずだが）を長旅するような人は、多かれ少なかれ、皆、同じような感覚を味わっていて、旅の何が面白いのかと聞かれてもうまく説明できないのは、そこで出会う光景を言葉にすると、あまりに些細なことだったり、あるいは陳腐なことだらけで、その何気ない現実に向き合うときの不思議な感覚が、言葉で表現できることに比してあまりに圧倒的なものだからではないだろうか。

いや、特に普段、旅にそれほど興味がないという人でも、子供の頃とかに、いつもと違う場所（田舎の親戚の家とか）に連れて行かれて、そのときの光景が妙に心に残っている、という人も多いと思う。

旅の中で感じる現実感には、そのときの妙な現実感がより強くなって戻ってくる感があるのだ。

特別な感覚ではないと思うが、大人になるといつの間にか忘れてしまう感覚で、たまに思い出すと妙な感じがする、あの不思議な現実感である。

スリランカでは、どちらかと言うと自然景観に触れることの中から、その現実感に目覚めることが多かったのだが、インドでは現地の人とのやり取りの中から（ちょっとしたトラブルも含めて）、あるいは彼らの行為の中に潜む文化的な文脈に対する気付きなどから、文字通りにその「現実」に目を見開かされるという経験が多くあった。

具体的に、インドのどの州をどういう順序で回ったかとか、その手の話を書くつもりはないが、先に書いたような現実感に目覚めさせられたという点で、いくつか印象に残っているエピソードがあるので、それについて思いつくまま書いてみたい。それを説明することがそのまま、前節で投げかけた境界を越える見方の答えにもなっていると思うからだ。

というわけで、いよいよインドに渡ってからの出来事についての話に入っていこうと思う。

だがその前に、僕が最初に旅をしたこの当時のインドの経済状態についても、少しだけ触れておく必要はあるかもしれない。

英国からの独立後、保護主義的、社会主義的な経済政策を敷いていたインドでは、外資の投資にも規制を設け、街中でもコカ・コーラやペプシは見かけないというほどだった（代わりにカンパ・コーラというバチものがあった）。

八〇年代、中国が改革開放を旗印に外資を呼び込み、高い経済成長率を誇ったのとは対照的に、十年一日のごとく、インド経済は長年停滞して貧しいまま、なかなか発展のチャンスをつかむことができないでいた。

特に僕が入国した年には湾岸戦争が勃発し、原油高に見舞われ、債務デフォルト寸前にまで追い込まれたほどで、当時のマンモハン・シン財務大臣が経済改革を断行し開放路線を打ち出したのは、僕が旅を終えて日本に帰国した年の半ばくらい、というタイミングだったのだ。

ご存知のとおり、インド経済はその後急速に回復し、当時はドルベースの名目ＧＤＰで一人あたりわずか三二七ドルしかなかったのが、二〇一八年には二七一九ドルと八倍以上の経済成長を果たした。今では次の超大国、ネクストチャイナの筆頭と目され、二〇三〇年には日本の名目ＧＤＰを追い抜いて、世界三位の経済大国に躍り出るだろうと予測されている。

しかし僕が当時旅したインドは、まだまだ貧困にあえぎながら発展への出口を見出せず、文字通りデフォルト寸前になった瀕死のインドだったのである。

正直に言うと、その当時は僕自身、それがインド特有の文化に根ざした問題からくる貧困なのか、単に経済政策の失策が原因なのか分かっていなかった。というより、そんな貧しさを含めて、これがインドなんだ、と勝手に思い込んで深く考えたことがなかったように記憶している。

当時の旅人も、ほとんどの人がそれをインド文化に根ざした問題と思っていて、インドの将来に対しては、かなり悲観的だったと思う。

特に旅行者が多く訪れるような北インドの都市部をメインに回っていると、街中で見かける建物といい、公共の社会インフラといい、英国植民地時代のものをそのまま使い続けていて、ほとんどメンテナンスさえされていないようだったし、このまま貧しさの中で街全体が朽ち果てていくんじゃないかと思うほどだった。

ゴッサム・シティ、もとい当時のコルカタにも、そんな経済状態の中、食えなくなった周辺の貧しい村人たち（隣国バングラディッシュも含む）が避難場所を求めて流れ込み、ちょっとした難民キャンプ状態となっていた。

バックパッカーが多く集まることで有名なサダル・ストリートでも、道端というか歩道の脇とかで、ぼろぼろの真っ黒なシートを紐で吊るしただけのテントみたいな住居を作って生活している人たちをよく見かけたものだった。

今でもたぶん、インド旅行が初めてという人があの辺りを訪れれば、その貧しさと不衛生さに絶句するような状態ではあると思う。なんだかんだ言っても、相対的にはまだまだ貧しい国ではあるのだ。

それでも三〇年近く前と比べれば今は大分ましになっているはずで、少なくとも僕が何年か前にコルカタを再訪したときには、その当時でさえ、あまりの変貌ぶり（良い意味で）に驚いた記憶がある。

帰国後フリーで活動するようになってからも、雑誌の取材とかで何度かインドに行く機会があったのだが、帰国する前には、なるべくコルカタに立ち寄るようにしていたのだ。

そのときは、たまたまクリスマスシーズンだったせいか、道沿いはイルミネーションで綺麗に飾られ、道端に散乱していたはずのゴミも少なくなっていたし、道をふさいで歩けなくなるくらい多かったはずの物乞いの数も減っていて、昔ほどしつこくまとわり付かれることもなくなっていた。

しかし、三〇年近く前、この最初の旅でコルカタを訪れた際には、観光客がバクシーシに会わないで旅することはほぼ不可能と思えるほどだった。

ちょっとでも小銭を渡すと、何人も集まってきて、俺にもくれ、こちらにも、と手が伸びてきて、すぐに回りを囲まれて道をまともに歩けなくなる、ということさえあった。

前節の「洗礼を浴びる」で書いたとおり、旅人の中には、物乞いに施しをすること自体が良くないことだ、という考えの人も多く、たまに気前よく施しをする人が現れると、バクシーシが群れをなして集まってくる、という光景も見られたのである。

僕はというと、彼らのバクシーシに応えることもあれば、無視することもあるという、どっちつかずの態度をとっていた。

理屈の上では施しなどしないほうがいいのかも知れないが、なんとなくその理屈には穴があるように思えたのと、なんといっても、人情としてやはり完全に無視することもできないでいたのだ。

バクシーシにどう対処するか?

施しをするのが悪いという説に押された、ということもないのだが、一度は完全に無視してみようかと試みたこともあった。

それは、息抜きで訪れたネパールの田舎町のポカラでのことだった。まだ小学校三〜四年生程度の子供と、その二つくらい下の兄弟がバクシーシを求め、なぜか僕の行くところにずっとまとわり付いて来るということがあった。

完全に無視できればよかったのだが、かわいげのある子供が近くに来れば、つい何かしゃべってしまって、完全に無視することも冷たく接することも出来なくなってしまい、気が付くと子供たちは三〇分以上、ずっと僕の後をつけてバクシーシを求め続けていた。

Travel photo gallery 4

Night scenes in Kolkata

90年代初頭、夜のコルカタで。身なりはボロボロだが
何か熱心に活字を読んでいた男

JAY KAY

これがゴッサム・シティか……思わずそうつぶやいてしまった夜のコルカタ。手前の欄干のような部分にカメラを置いて長時間露光した

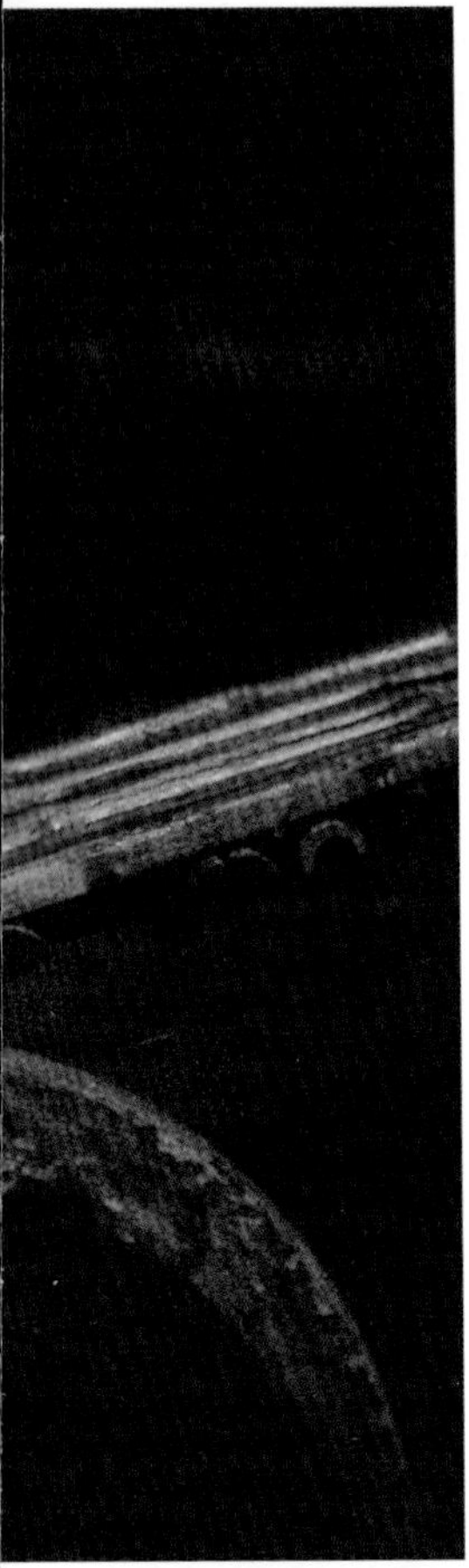

街を走るトラムと交通整理の警官

トラックの荷台に乗る人たち

バスが来るのを待っている人

なぜかこの街では、日中には撮影意欲が湧かない。夜のスナップショットばかりが残っている

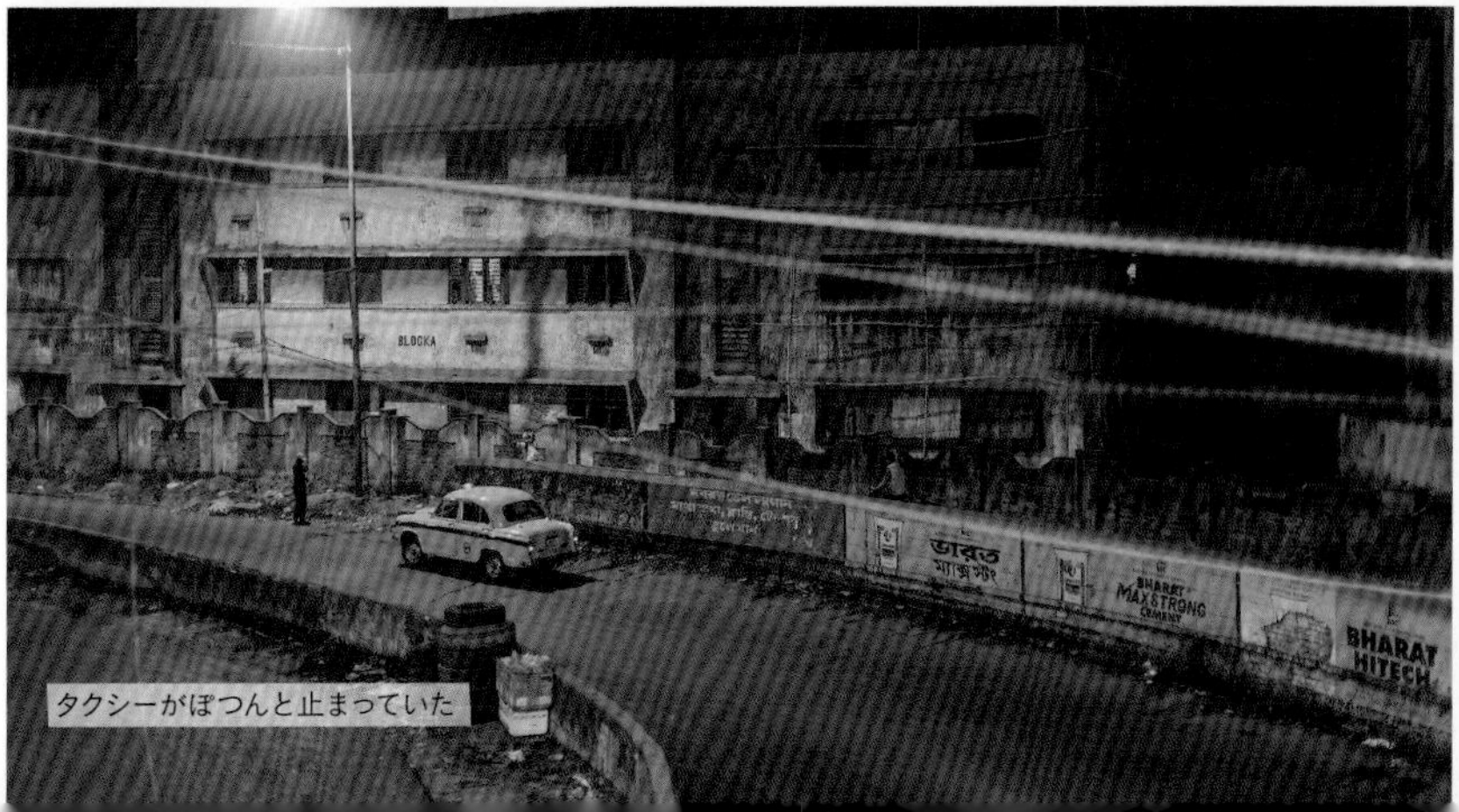

タクシーがぽつんと止まっていた

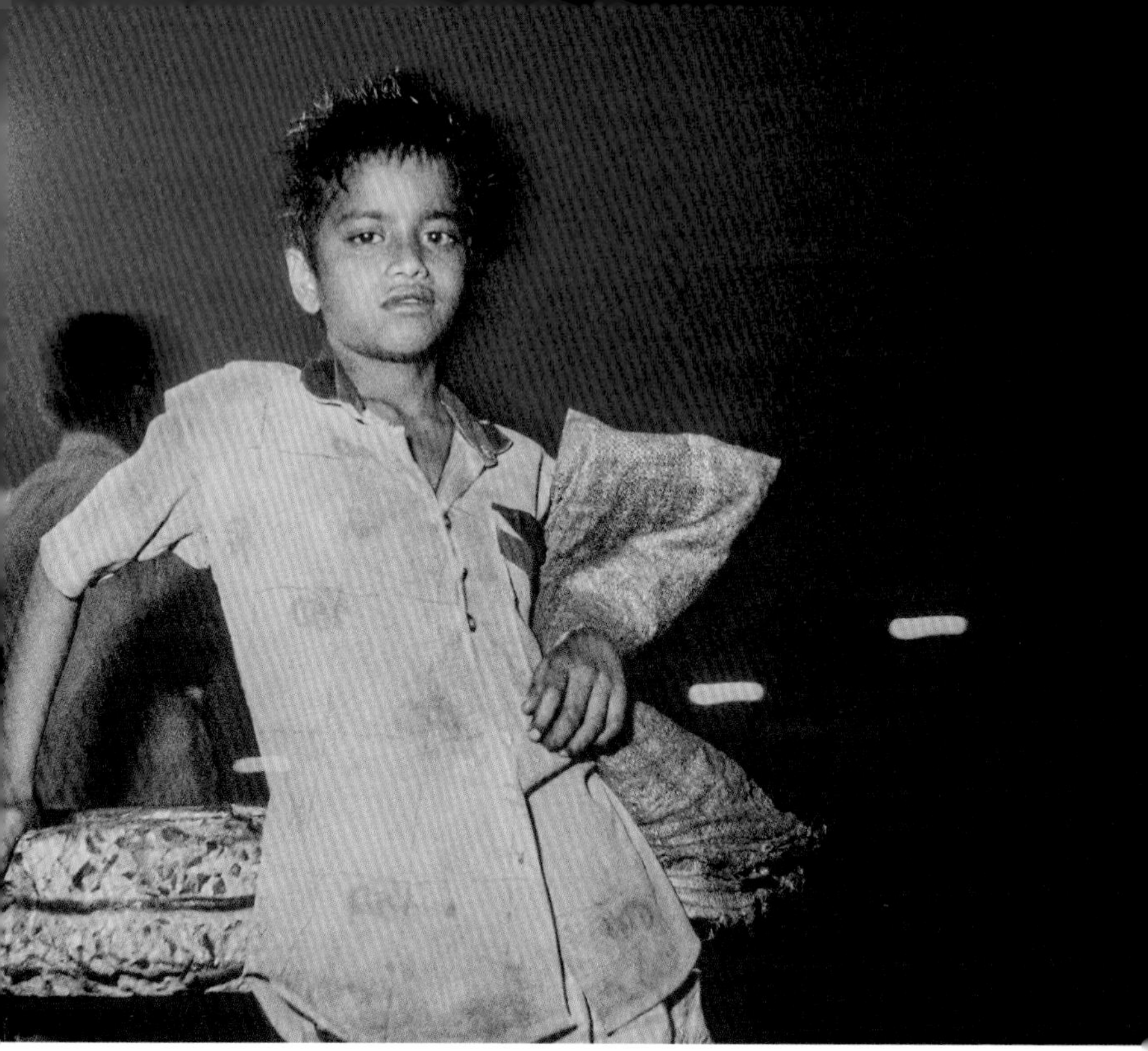

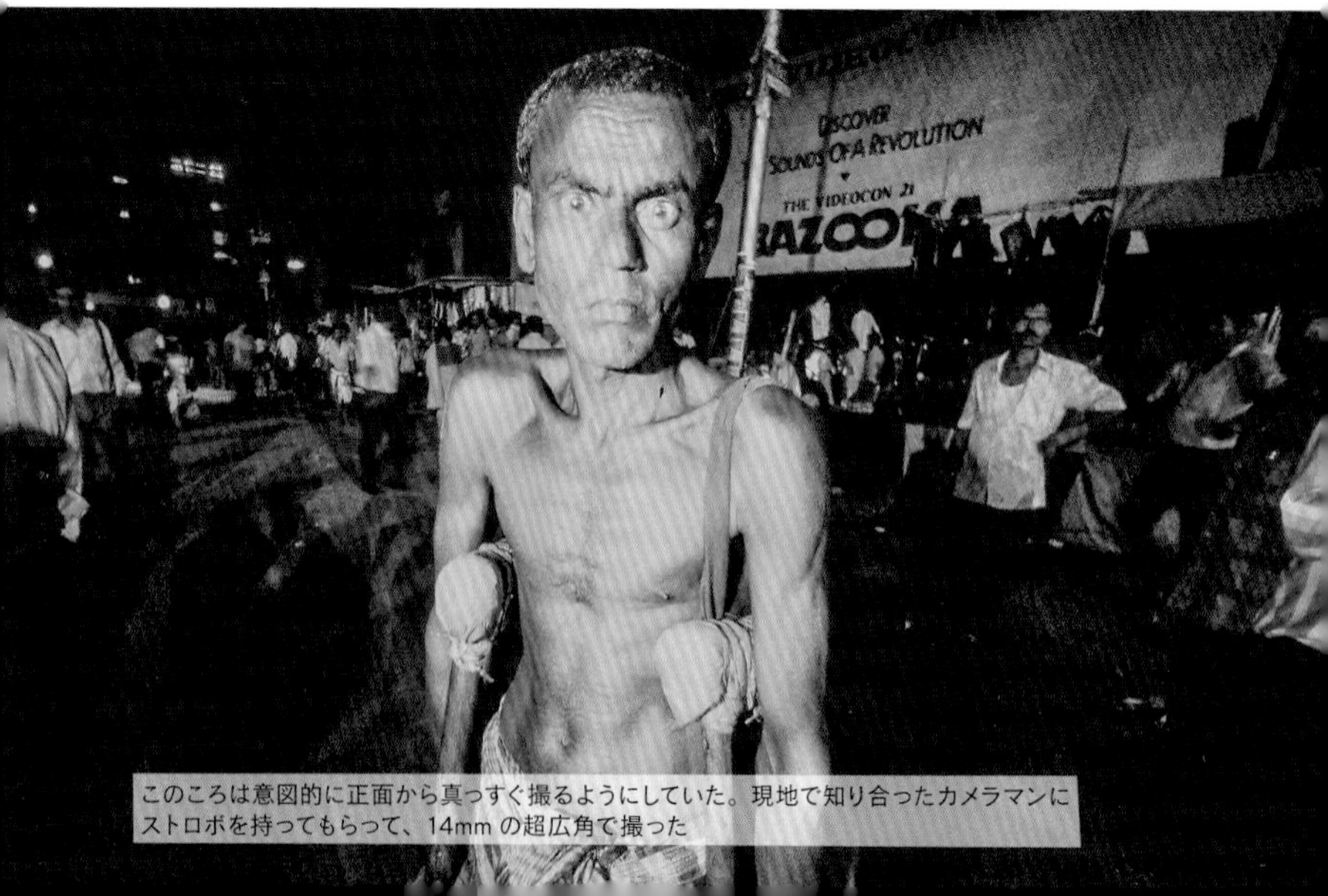

このころは意図的に正面から真っすぐ撮るようにしていた。現地で知り合ったカメラマンにストロボを持ってもらって、14mm の超広角で撮った

本文でたびたび言及しているゴッサム・シティ、もといコルカタ（旧カルカッタ）で撮影した写真。この見開きを含めて、ほとんどの写真をフィルム時代に撮影した（前見開きの下部と次頁の写真がデジタル）。


この時代（90年代初頭）は、高感度を必要とする作品作りには白黒フィルムを使うのが常識だったが、あえてポジフィルムを増感して手持ちで撮影している。

この見開きページでは、街角ポートレートが撮りたくて、珍しくストロボを使っているが、基本的には夜の街だろうと照明なしの中望遠レンズ（f1.2）でスナップすることが多かった。

この時代としてはちょっと珍しいカラー作品になっているかもしれない。

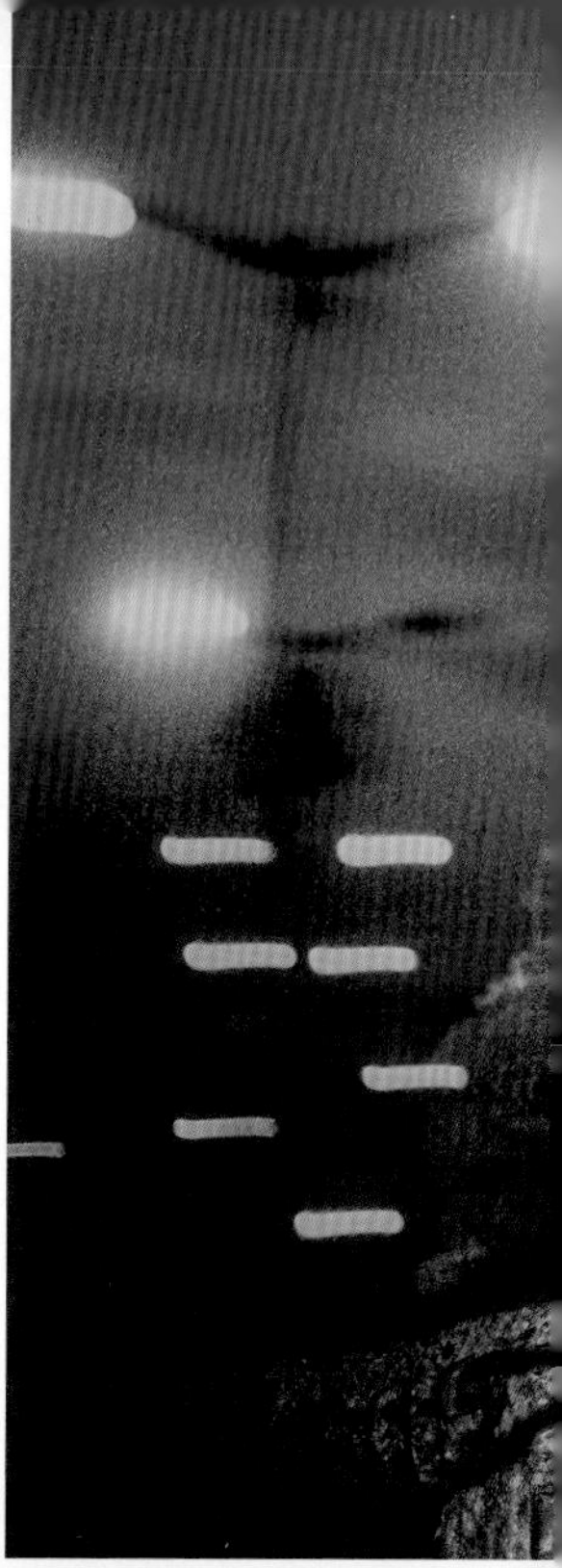

ストリートチルドレンをポートレートの被写体として撮影してみた

たぶんインドでしか撮れないスナップ。外見のことではなく、真っすぐにレンズを見つめてくる視線のことだ

デジタルに移行してから撮ったもの。確かトラックの上にいた青年

こちらはバスの上で作業していた人夫の男

なんで僕のところにばかり付いてくるの？　ほら、あっちにも人がいるよ、と白人観光客がいるほうを指差すと、その子たちは、あいつらはダメだと答えて、さびしそうに首を横に振った。

僕は内心、なんだ日本人ということで甘く見られているのか、もしここで僕が何か施ししたら、後々日本人観光客ばっかり狙われることになるんじゃないか、と思ってしまい、心を鬼にしてバクシーシはあげない、と言い続けると、さすがにいい加減疲れたのか、しばらくしてとぼとぼと来た道を帰って行ったのだった。

自分で追い返しておいて勝手なものだが、その後姿を見ているうちに、え、本当に帰っちゃうの？　と思えてきて、突然、後悔の念と申し訳ない気持ちが湧いてきて、さすがの僕も、やっぱり何かとんでもない間違いをしているのだ、と気が付きはじめたのだった。

このときのことは後々まで、ずっと胸の奥で痛み続けることになるのだが、具体的に正しい対処法はどうなのか、と問われても、まだ自信をもって、こうするべきだ、と答えることができる状態ではなかった。

つまり、自分の態度自体は絶対的に間違っているということまでは分かったのだが、じゃあ何が正しい対処法なのか、ということまでは分かっていなかったのだ。

また別の機会に、これとは逆のリアクションに出会うというレアケースもあった。それは出来るだけバクシーシに応えてみようとしていた時期のことだ。とあるインドの田舎町で、やはり小学生低学年くらいの子供にバクシーシをせがまれたのだ。

その頃は、物乞いにもあまり冷たくしないようにしていたので、あらかじめ用意してあった小銭をポケットから出して、その子供に渡した。

ところが、あいにくそのときは大きなコイン（といっても一ルピー程度だが）がなく、小さなパイサコイン（一〇〇パイサで一ルピー）しかなかったので、そのパイサコイン（確か五〇パイサくらいだった）を、その子の手に乗せてあげたのだ。

だがその子は、渡されたコインの種類を確かめると、ちょっとしかめっ面をして、これ、要らないよ、といって僕に付き返してきた。

いくら物価の安いインドとはいえ、一ルピーが当時のレートでも三～四円程度だから、さすがにパイサではほとんど何も買えない。

もちろん、僕もそのことは分かってはいたが、そのときは小銭がそれしかなかったし、それまでにも物乞いにパイサコインを施すということはあって、その場合は、これじゃ足りないからもっとくれ、と言われることがほとんどだったし、今度もそう言われるだろう程度に軽く思っていたのだ。

それがこのときは、渡したコインを付き返されて、要らない、と言われたのである。もちろん、バクシーシを付き返されたことは、後にも先にもこれが初めてのことだった。

このときのことも虚をつかれてちょっとしたショックだったので、後々まで記憶に残ることになるのだが、こういう体験の積み重ねを自分の内で反芻しているうちに、さすがに思うところがあって、何が正しい対処なのかということについても、それなりの洞察が芽生えてくることになるのである。

といっても、これだけでは何のことか分からないと思うので、もう少し、別の角度からのエピソードも紹介してみよう。

コルカタで列車のチケットを買おうと、窓口に並んでいたときのことだ。インドの都市部は、どこに行ってもたくさんの人であふれ、安価な交通手段である列車のチケットを買うとなると、列に並んで何時間も待たなければならない。

インドでも指折りの大都会、コルカタとなればなおさらで、行き先によってはチケットを手に入れるためだけに丸一日費やしたなんて話も聞くほどだった。

それでも、そのとき僕が並んだ窓口は、マイナー路線の近郊行きだったせいか比較的空いていて、僕の前に五～六人程度しか並んでいないという状態だった。これなら三〇分程度で自分の番がくるかな、と思っていると、なんだか前のほうに突然割り込んでくる人影が見えた。

インド鉄道の窓口というのは、ガラスで仕切られた窓に、片腕がやっと入るくらいの小さな穴が開いていていて、チケットを買いにきた客は、その穴を通して職員とお金のやり取りをするという仕組みになっている。

そこに誰だかよく分からない謎のインド人が、後ろに並んでいる面々をガン無視して割り込んできて、ぐっと横から腕を伸ばしてその穴に手を突っ込み、何か窓口の職員に大きな声で要求しはじめたのだ。

日本では、公共の場で列を作っている人がいれば、そこに横から割り込む人はほとんどいない。仮にそんな人がいたとしても、まず間違いなく後ろに並んでいる人から強力なクレームが入って、管理者から強制的に排除されるだろう。少なくとも、後ろで待たされている人たちが、黙っておとなしく傍観しているということはないはずだ。

ところがインドでは、混雑する状況であればあるほど、急いでいる人が前の人を押しのけて横から割り込むなんてことは日常茶飯事であった。そして、それを見て、後ろに並んでいた人の中にも、我先にと列を無視して前に突進してくる人が出てきて、結局、窓口の周りで団子状態になってしまう、ということもよくあることだったのだ。

このときは並んでいる人数が少なかったし、その横入りした男以外は、そのままおとなしく列に並んだままだったので、さすがに団子状態になることはなかったのだが、それを見ていて、ふとある疑問が生じてきた。

横入りする不届きものがいることは、まあ、しょうがないこととして、何で後ろで並んでいるこの人たちも黙ったままで、それを積極的にとがめようとしないのだろうか？

もちろん同じインドでも状況によって色んなケースがあるのだろうが、少なくともこのときは、列の誰一人としてその横入り男に文句も言わなければ、排除しようともしないで傍観しているだけだったのだ。

そのときは僕自身も、ちょっと疲れ気味だったのと、横入り男が何を言っているのかよく分からなかったので黙っていたのだが、その男に何か急がなければならない特殊な事情でもない限り、少なくとも注意くらいはするべきだろうと、すぐ前に並んでいたインド人青年にその疑問をぶつけることにした。

「なんであの男は列を守らないいんだ？　それに君も何で何も言わないで黙ってるんだ？　何か文句を言ったら？」

僕がそう聞くと、その青年は首を振ってそんなの無駄だよ、というようなゼスチャーをしたあと、意外な答えを返してきた。

「あの男の顔をよく見てみろ」

僕が質問したのは、なんで黙って傍観しているのか、ということだったのだが、青年の答えは、相手の顔を見てみろ、であった。何を言っているのか分からないかも知れないが、僕も何を言われたのか分からなかった。

「え、顔？」

なんの禅問答だよ、と不審に思いつつも、その男の顔をよく見てみると……その顔にはその事情が書かれていた、ということはさすがになかったのだが、あっ、とそれなりに気が付くところがあった。

（そうか、そういうことだったのか……）

自分の気付いたことが正しいかどうか、その青年に答え合わせの質問をする気力もなく、なんとなくその状況を呆然とただ眺めているうちに、いつの間にか僕は、旅の途上でたびたび味わう、例のあの不思議な現実感に浸っていたのだった。

さて、ということでそろそろ、これらのエピソードから僕が得た洞察（というほどでもないが）について説明しなければなるまい。

僕がその青年に言われるまま、横入りしてきた謎のインド人の顔をみてみると、特に特徴があるということではなかったのだが（わりと何処にでもいる普通のインド人ではあった）、その顔付きはちょっと骨ばった感じのごつい造りで、肌も標準より黒々としており、着ているものも粗末で、いかにも貧しい階級の出身であろう、ということに気が付いたのだ。

インドをあちこち旅したことがある人ならわかってもらえると思うが、一言でインド人と言っても、北インドと南インドでは、そこに住んでる人の外見が人種的にまったく別と言っていいほど違う。

いわゆるアーリア系の血が混じった北方系のインド人は背が高く肌の色も白っぽい人が多い

し、南インドは、もともとインド亜大陸に住んでいたと言われるドラヴィダ系の人が多く、背が低くて巻髪で、肌の色もより黒いという特徴がある。

実際には両者は交じり合っていて、ドラヴィダ系だから必ず貧しいということも、その逆もないのだが、一般にカーストの低い人は肌の色も黒いといわれている。

つまり、人種的な外見の特徴と、その属するカーストは、ある程度は一致していたり予測可能だったりするのである。

ここからは僕の推測だが、列の後ろに並んでいた他のインド人が、その横入り男に特に文句も言わず騒ぎもしなかったのは、その男のカーストが明らかに低くいうえ、見るからにまともな教育を受けていない様子だったからなのだろう。

インドではカーストが大きく違う場合、お互いに話が通じないというか、あまり相手にしないところがある。だからあの青年（それなりに身なりが良かった）は、その横入り男を相手にしなかったのだ。

つまり僕は、インドで起こる物事には、その裏側に必ずインド特有の社会事情があるはずなのに、そのことを考慮に入れないで、日本基準の常識で物事を判断しようとして不思議がっていただけだったのだ。


だが、僕にとっては、この発見自体はそれほど大きな問題ではなかった。

いや、判断の基準に社会事情を考慮に入れるというのは、それなりに大事なことではある。だが、この場合は、これと連動したもうひとつの問題、僕の側の物の見方に関して、ある重大なことに気が付いてしまったのである。そして、そのことのほうがよっぽど一大事だったのだ。

前提知識と価値判断を停止する

よく見れば簡単に気が付きそうなことなのに、僕が気が付かなかったのはなぜだろうか？　僕はその横入り男をまったく見ていなかったのだろうか？　もちろん、それなりに見てはいた。よくあることだと思うが、たとえば欧州でドイツ人とフランス人に出会って、どちらがドイツ人でどちらがフランス人か、普段彼らと日常的に接した経験が乏しいと見分けるのは難しい、ということがある。

そこで旅行中はたいてい、ドイツを旅行中なら、そこで出会う外人はみなドイツ人とみなす、ということが多くなるだろうし、フランスを旅していればフランス人とみなす、ということが多くなるのではないだろうか。

実際にはドイツで出会う人の中にはトルコ系移民の人もいるかもしれないし、東側ではソルブ人（スラブ系）もいるわけで、注意深く見ていればそれらの違いは外見でも分かるはずなのだが、普通はそこまで注意深く見ない。

ということで、僕は状況をよく見ないまま、この人は普通のインド人、この人は物乞い、この人は……という風にレッテルを貼って、自分で貼ったそのレッテル経由で物事を判断し始めていたのだ。

要するに僕は物事にレッテルを貼って判断していただけで、現実をちゃんと見ないまま、偏見という色眼鏡を通して世界に相対していただけだったわけだ。

これに対して、「それは単に君が無知だっただけの話で、最初からインドの社会事情に詳しければ、そんな間違ったレッテルを貼って混乱することもなかったんじゃないか？」と思う人もいるかも知れない。

だがそうではないのだ。正しい知識を通して見ていようが、間違った知識を通して見ていようが、いったん過去の知識経由で目の前の現実を見ようとしているかぎり、それは現実を直接的に見ていることにはならない。つまり偏見を持って見ていることにしかならないのだ。

たとえば横入り男に文句を言わないで静観していたあの青年は、インドの社会事情に詳しくなかったのだろうか？　もちろん、あのインド人青年は知りすぎるくらいちゃんと知っていた。だからこそ横入り男を無視したのだ。

あの青年は僕と違って、インド社会の正しい事情を知っていた。しかしそれは、あの青年の個人的な物の見方が社会的な常識と一致していた、ということでしかなく、その個人的な見方が偏見になっていなかった、とまでは言えないだろう。

僕があの横入り男に貼ったレッテルは「謎のインド人」というような、あいまいなものだった。これに対して、青年のほうは、僕より精緻な分析をして、横入り男の正しいカーストのレッテルを貼っていたに違いない。しかし、いかに正しかろうと、偏見は偏見である。

世間一般では、偏見というのは、間違った知識を持って世界を見ているから起こるものだと思われている。でも実際には、間違っていようが正しかろうが、知識経由で見る見方と、直接的に直に現実に触れるように見る見方ではまったく違っている。

あの青年が、男の顔をよく見てみろ、と僕に示唆したとき、僕は期せずして本当にまじまじとその男の様子をよく見てしまった。

そしてそのことで、自分が普段掛けている色眼鏡が偶然外れて、ただ見ているだけ、という状態になってしまい、偏見の本質とでも言うべきことに気が付いてしまったのだ。

だがこのことに気が付くとき、もうひとつ、ある大きな疑問も湧き上がってくることになった。

その疑問とは、僕がバクシーシを施したり、あるいは施さなかったりした、あの子供たちはいったい誰だったのだろうか？　という疑問である。

ネパールのポカラで出会ったあの子供たちは、本当はどんな生活をしていたのだろうか？ただ単にちょっと貧しいだけで、普段は普通に学校に通っている地元の子供だったのかもしれない。もしかしたら僕の後を付いてきたのは、単にお金が欲しかっただけではなく、ちょっと遊んで欲しかったというのもあったのかもしれない。

僕が良かれと思って差し出したバクシーシを、要らないといって付き返したあの子供は、よく考えたら本当に物乞いだったんだろうか？　あの子も、ただ単にちょっと貧しいだけの普通の村の子供だったのかもしれない。

よく考えたら、僕は、あの子供たちの名前も知らないし、普段どんな生活をしているかもまったく知らない。知らないのに、バクシーシを求められたことから、自動的に「物乞い」というレッテルを貼ってしまい、そのレッテルに沿って機械的に心無い対応をしていただけだったのだ。

つまり最初の、バクシーシにどう対応するか？　などということは、問題の立て方自体がその根本から間違っていて無効だった可能性があるわけだ。

僕が心の中に思い描いた「物乞いの子供たち」というのは、いわば僕の心の中にしか存在しなかった単なるイメージであり、レッテルであり、いわゆる偏見でしかなかった。

あのとき、僕が対応した「物乞いする子供たち」は、たしかに僕の心の中にしか存在していなかった。そのイメージがインド社会の特殊事情を反映した正しいものであろうと無かろうと、それはあくまでも僕のイメージでしかなかったはずである。

では、あのとき目の前いにいたはずの、現実の側のあの子供たちはいったい誰だったのだろうか？

前に僕は、外なる「境界」は、内なる心が創り出してる、と書いた。それを、この「物乞いする子供たち」に当てはめるなら、「境界」という壁はすなわち「他者」である。

僕が見た「他者」としての子供たちは、僕が心の中に勝手に作り上げたイメージであった。僕は自分の中の「他者」、自分の心が創り出している「他者」を、外の世界に投影しているだけであった。つまりは畢竟、そこに見た「他者」とは自分自身であった。

では本当の現実の世界の、目の前にいるこの誰かさんたちは、いったい誰なのだろう？それは、あの子供たちに対してだけでなく、あるいはチケット待ちの列に割り込んできた、あの横入り男に対してだけでもなく、自分の家族や血縁関係にある人たち、もしくは親しい（と思い込んでいる）友人たちについても、同じように問わなければならない問いではないだろうか？

本当に大事なのは、相手に対して何をどう対処するか、ではなく、自分が相手をどう見ているか、という自分の側の物の見方に気が付くことではないだろうか？

たとえば、インドには確かにカースト制の問題がある。現在では法律上はカーストによる差別は禁じられてはいるが、人々の心の中にはまだ根強く偏見が残っている。

マハトマ・ガンジーはこの偏見を無くそうとして、社会の一番の底辺に置かれた人たち、いわゆるアンタッチャブル（不可触賤民）と呼ばれる人たちのことを「ハリジャン（神の子）」と呼ぶべきだ、と主張した。

アンタッチャブルな人たちは、現世ではアウトカーストとして苦しんではいるが、来世ではカルマを果たして高位に生まれ変わるはずだから、というのである。

しかし、彼は、カーストを成立させる考え方そのものを否定はしなかった。相手に対する呼び方を変えようとはしたかも知れないが、自分の側のカルマに関する見解、彼らに対する見方そのものは変えなかったのだ。

あるいは一部のフェミニスト（もちろん全部とは言わない）が女性の権利を主張するとき、彼らは本当に自分の内なる偏見と向き合って、その意味を理解してから主張しているんだろうか？

女性を弱い存在と見る見方を変えないまま、弱いから守るべきだと主張するなら、本当には心の奥にある自分の側の偏見はそのままで、相手に対する態度を変えているだけなのではないだろうか？

僕もまた同じように、相手が誰かということをよく確かめないまま、つまり自分の側では同じ偏見をもったまま、相手に対する態度だけを変えようとしてバクシーシにどう対処するべきか、ということを考えてしまっていたのだ。

バクシーシを施すか、施さないか、というのは、自分の側の偏見や差別を止めることとはまったく別なことで、施すことが良いことで偏見のない行為である、ということではない。

つまり、どのように対処するべきか、という問いの中には最初から正解はなかった。問いを問う前に、物事をどう見ているのかという、自分の側の問題に気が付くことが必要だったのだ。余計な価値判断を持ち込まないで、現実を現実として、事実を事実として、それをそのまま自分の事として見ること。実際の在りようをそのまま見ること、そんな物の見方は可能だろうか？

これこそは、まず最初に真に問わなければならい問題だったのである（少なくとも僕にとっては）。

4　認知の仕組みと洗脳と現実

ケララ州で出合った老人の話

老兵は死なず？

「ジャパニ？　ジャパニ？」

ボートを降りて村の様子を散策しようと川岸沿いの道を歩き始めると、子供たちが何人か駆け寄ってきて、口々に僕の国籍を確認しに来た。

外国人を見かけると子供たちが寄ってくるのはインドでは珍しいことではない。その場合、大抵は単にもの珍しさから声を掛けてみたというだけだったり、写真を撮ってくれとか、何処に行くのかとか、ばらばらな関心と要求があるものだが、このときは明らかに質問が僕の国籍にだけ集中していた。

「うん、うん、日本人《ジャパニ》だよ」

僕がそう答えると、子供たちは、やっと見つけた、という感じで今度は僕の手を引くように、こっちにこいとか、ちょっとここで待っててとか言い出した。

それは、南インドのケララ州にあるバックウォーターの小さな村でのことだった。バックウォーターというのは、川の河口部が海と交じり合ったような場所にある水郷地帯のことで、何処からが海で何処からが川なのか分からないような水路が、その低地の奥まで網の目のように複雑に入り組んでいるという場所である。

海水に近いところにはマングローブがタコが足を伸ばすように立っていて、その後ろには背の低い植生の密林やヤシの木が続く。村は川岸なのか中州なのかよく分からない場所に点在していて、その村々を行き来するには、川の水路を道路代わりに、ボートを車代わりにして移動するのが当たり前のようになっていた。

特に目当ての村があったわけではないが、その絵に描いたような南国情緒たっぷりの景観をもっと見たくて、僕は現地の人が路線バス代わりに利用するような渡し舟に乗って適当に移動するうち、たまたまその小さな村に立ち寄ることになったのだった。

急ぎの用事があるわけでもなかったので、引き止められるまま、しばらく子供たちの相手をしていると、いつの間にか道の奥のほうから、子供たちに連れられて一人の老人が現れた。

「お前が日本人か？」

そう聞いてきたのは、年はたぶん、もう七〇才くらいにはなっていただろうか、いかにも田舎のお年寄りという感じの、深いシワが顔に刻まれた素朴な風貌のおじいちゃんだった。

「そうです。日本人です」

子供たちが僕に国籍を確認してきたのも、そのまま引きとめようとしたのも、どうやらこの老人に僕を引き会わせたかったからのようだった。

つまりこの老人は、日頃から日本人である誰かに会ったら、生きている間に伝えておきたいことがある、というような話を周囲にしていたのだろう。

「日本人はすばらしい。トヨタ、ホンダ、スズキ……世界的な自動車メーカー。自分は驚かない」

僕が日本人であると確認すると、その老人は、なぜかいきなり、よく分からない日本礼賛をはじめた。その老人の英語は決して流暢ではなく、最初は言わんとする意味を汲み取るのが難しかったのだが、何度か質問しながら耳傾けるうち、徐々に分かったのは、だいたい次のようなことだった。

その老人が言うには、自分は昔、第二次大戦の頃、イギリス軍側の人間（インドは当時まだ植民地だった）としてビルマ（現ミャンマー）の近くにいた。そこにはイギリス軍に捕まって捕虜になった日本人の収容所があった。自分はその収容所で日本軍の捕虜の世話をする係りだった。そのときに接した日本の軍人たちは、大変立派な人たちだった。だから日本が戦後、立ち直って経済大国になっても自分は驚かない。彼らはすばらしい人たちだった、と。

「日本の軍人たちは、捕虜になっても世話係の自分に対してインドのマスターと呼んで良く接してくれた。イギリス人がなんだ、と誇りを失わなかった。イギリス人がなんだ、と。分かるか？　分かるか？」

熱弁を振う老人に対して、僕はというと、いまいち話についていけず、最後のほうは語気を強めて同意を求められたが、僕は最後まできょとんとした表情で話を聞いてたと思う。

その当時の僕は、なぜその老人が旧日本軍の軍人さんたちを礼賛するのか、その理由がよく分からなかったのだ。

今の教育がどうなっているのかは知らないが、少なくとも僕自身は若い頃、日本は第二次大戦時、アジアを戦火に巻き込んでひどいことをした、アジアの人たちも日本を憎んでいる、というイメージの教育を受けてきた。少なくとも大手メディアの論調は、だいたいその線で統一されていたと思う。

前にも書いたが、円高で個人の海外旅行が一般化していくのは八〇年代以降のことで、インターネットが普及し、大手メディア以外の情報にもアクセスできるようになるのは九〇年代半ば以降である。

それまでは「海外」というのは、ほとんどの日本人にとって、それが何処であれ、火星かどこかの遠くにあるような未知の場所と同じような存在だったし、ましてアジアの田舎の人たちがどんなことを考えてどんな風に生きているのか、実際のところはよく分からないまま、大手メディアの発信することをそのまま信じているだけ、というのが本当のところだったように思う。

あるときなど、初めてタイに行くという青年と機上で隣席になって、日本人だから現地で歓迎されないんじゃないかという不安を吐露されて戸惑ったことがあったくらいだ。

そのときの僕は何度目かのタイ訪問で、さすがにタイが親日的な国なのは知っていたから、その青年の不安心理に驚いたものだが、よく考えると、この当時はまだ、そんなことを不安に思うほどアジアの実態はあまり知られていなかったのだ。


ひょっとして日本で受けてきた教育は間違っていたのではないか？　あるいは日本も実は、北朝鮮や旧ソ連並みに情報統制されていて、近・現代史の本当のところは、あえて教えられてこなかったのではないか？

旅を続けるうちに、そんな疑問が徐々に頭をもたげてきて、決定的に確信に変わったのは入国の数ヶ月後、いわゆる湾岸戦争が勃発した後のことだった。

長く旅をしていると、無性に日本語の活字が恋しくなって、日本語ならなんでも読みたくなる、ということがある。何しろ本屋に立ち寄っても当然、日本語の書籍はないし、日本なら何処にでもあるようなコンビニはもちろん、喫茶店もろくになく、あっても無料で読める雑誌が置いてあるはずもない。

だから日本人がよく利用する安宿に、彼らが帰国前に置いていった新聞や週刊誌などがあると、何ヶ月も遅れた情報であっても、むさぼるように読んでいたのだ。

どの週刊誌だったか忘れてしまったが、そんな風に目にした日本のメディアのなかに、まさかこの時代、本気で米国はイラクに対して参戦しないだろうと予想する識者の見解が載っていた。

その当時、僕は日本にいなかったので、日本の実際の報道がどうだったのか、そういう論調が一部だけのものだったのかどうかまではよく知らない。

しかし、活字に飢えていた僕は、その頃にはインドの英字新聞にも目を通すようになっていて、そこに書かれていた情報と日本で手に入るだろう、その手の情報との質の違いに目を丸くしたのである。

その当時のインドの英字紙は、まず日本ではあまり目にしないような、米国の姿勢を厳しく批判する論調と、このままでは米国の参戦も避けられないというようなことが書かれていて、かなり緊迫した状況であると報じられていたからだ。

その後、実際にどうなったか、どちらの報道がより真実に近かったかは、改めて説明するまでもないだろう。

もっとも、こんな風に書くと「なるほど、やっぱり世界に出ないと正しい情報が手に入らないのだな」とか、「昔はそうだったかもしれないけど、今ならインターネットでそんな情報はいくらでも手に入るじゃないか」とか「いやいや、海外メディアだって信用できないし、ネット上もフェイクニュースだらけだよ」というような感想を持つ人もいるかもしれない。

だが僕がここで本当に言いたいことは、前節の〈前提知識と価値判断を停止する〉でも書いたとおり、その情報が正しいかどうかということではないのだ。

教育という名の洗脳

「人間とは記憶である」と言ったのは誰だったろう。過去に学んだ知識、施された教育、社会に根を下ろした伝統、その中での個人的な経験の集積など、それらをひっくるめて「記憶」とするなら、確かに自我の根底には「記憶」があるのだろう。

純粋に科学的な知見を別にすれば、実社会において何かを判断する基準は、広い意味での過去の記憶を元にしている。

そしてそれらの記憶は、個人の経験としてだけではなく、それぞれの個人が属する社会の教育によっても入念にインプットされ、同じ社会、同じ共同体のメンバー間で常識として共有され、次第にアイデンティティとして定着していく。

成長し、物心付くころに何かの判断をする場面では、それが自己の本来の性向による判断なのか、教育によって注入された記憶によって誘導された判断なのか分からなくなっているのだ。

つまるところ、教育とはそれ自体が一種の洗脳のように作用しているのではないか？　旅の体験を通して、僕はいつしか、そんな風に思うようになっていたのだ。

もちろん、一般に「洗脳」という言葉は、事実と違う情報などを強制的に注入して、その人の人格や判断、主義や思想を本来のものとは別なものに置き換えようとする心理操作を指す言葉だということは知っている。

だが、旅に出た後は、元からあったものを置き換えるという部分と、事実かどうかの部分を別にすれば、行われている操作と、その内的仕組みの本質は「教育」も「洗脳」も似たようなものだと思えるようになってしまっていた。

そして、そのような「教育」は、北朝鮮や旧ソ連など独裁的体制の国家でだけ行われていた専売特許という訳ではなく、日本はもちろん、米国や英国も、ドイツやその他欧州の国々でも、そしてもちろん、インドやアジア諸国でも、大なり小なり似たり寄ったりだと思うようになったのである。

最初は、そんな風に感じるのは自分だけかなと思っていたが、案外、旅人同士だとこの手の話題はなんとなく分かり合える部分があって、はっきりと「洗脳」という言葉は使わなくても、話せば同じような感想を言ってくれる人は何人かいた。

特に旅人が、自身の洗脳（そう呼ぶべきかどうかは別にして）の存在にはっきりと気が付く瞬間というのは、旅を続けている最中というより、長期の旅から久しぶりに帰国したタイミングだったりすることも多いようだった。

たとえば僕の場合、ほんの一年近く日本にいなかっただけなのに、久しぶりに帰国すると、その当時流行っていた芸能情報やニュースに全く付いて行けない状態、いわゆる浦島太郎状態になってしまっていた。

自分がいない間にも、世間では週刊誌をにぎわすような芸能人のスキャンダルがあったり、社会現象とまでなった人気アニメがスタートしていたり、流行の歌があったりしたのだが、そのすべてがまったく分からない状態、人の話に付いていけない状態になっていたのだ。

また、子供の頃は憧れを持って見ていた芸能人や、いわゆる銀幕のスターとかも、一歩海外に出ると誰も知らない無名の人であることに気が付く、というようなこともあった。

有名芸能人と言ってみたところで、日常的にメディアを通して普段から見慣れているから親しみを感じるだけで、海外では誰も知らないただの一般人でしかなかったりするのだ。

もちろん、こんな風に書くと、教育と洗脳を同列に語るなんてとんでもない、と思う人もいるだろうし、教育を施すことが良くないことだとでも言いたいのか？　と絡んでくる人もいるかもしれない。

あらかじめ言い訳しておくと、さすがに僕も教育そのものが悪いことだと言いたいわけではない。

そこで何か「洗脳」以外の言葉を使ってこの現象をうまく説明できないかと探しているうち

に、近年ベストセラーになった「サピエンス全史」の中にうまい説明が載っていたので、その説をちょっと拝借させてもらうことにする。

ベストセラーだし、もうすでに知っている人も多いと思うが、改めてその説を紹介させてもらうと、人間（ホモ・サピエンス）は七万年ほど前、ある種の認知革命により、他のヒト属とは違う能力を身に付けたのだという。

その能力とは、集団で虚構（フィクション）を共有することが出来る能力であり、その能力によって大きな集団による社会活動が可能になった、というのだ。

百人程度の集団を統率するのと、数千人、数万人以上の集団を統率するのでは、同じような集団行動といっても、人数が多すぎてリーダー側が集団内の個人をすべて覚えることなどできないだろうし、従うほうの集団側にも、初めて会った見知らぬ人同士でも連帯し、混乱なく協調作業ができるような特別な仕組みが必要になってくる。

言われてみれば確かに、単にルールを作ってそれに従わせるという単純なことでは、数万人規模の集団が協調して社会生活を営むのは難しそうだ。

数万人規模の集団が、お互いに知らないもの同士であっても、同じ集団に属しているという感覚を持って共同生活ができるようになるには、自分たちが同じ社会に属しているのだという虚構（フィクション）を共有する必要があり、そのために同じ歴史や信仰を共有するための仕組み、つまり「認知革命」が必要だった、というのである。

もちろんこの場合、その信じる「歴史」が事実であるかどうかは問題ではない。それが作り話の「虚構」であっても、人間にはその「虚構」を事実として受けいれるような認知の仕組みがあり、その同じ歴史や信仰を持つもの同士は、同じ仲間と感じることができるようになっている、というわけだ。

確かに、言われてみれば、どの民族にも神話という歴史があり、なにがしかの信仰を集める宗教がある。そしてそれは、確かにホモ・サピエンスが太古の昔に獲得した認知革命による、虚構（フィクション）を真実と信じる能力によるのかも知れない。

こんな風に捉えるなら、この認知能力を利用して、洗脳とでも言うべき「教育」が施されるのは決して悪いことではない、ということになるだろう。

むしろ、この能力のおかげで、ホモ・サピエンスは、他のヒト属を圧倒する巨大な社会集団を築くことができたのだし、この能力こそが文明を築く礎になっているとさえ言えるだろう。

ということで、ここまで説明すれば、僕が「洗脳」という言葉で説明したかったことが少しは伝わるかもしれない。そう、この集団で虚構を共有して信じる能力、認知革命によって獲得したこの能力による「教育」こそ、僕が感じた「洗脳」の正体だったのだ。

僕らは普段、国家や地域社会の中で、また、それをはぐくむ伝統や文明、文化といった現象の中で、子供の頃から教育によって植えつけられたイメージを「現実」のものとして生きていくようになる。進化の結果獲得した認知の仕組みによって自然とそうなっているわけだ。

自分が属する国の歴史、自分が勤める会社の社会的ステータス、自分が信仰する宗教。こういったものは本来なら虚構（フィクション）のはずなのだが、その内部に生きる人にとっては、他のどんな現実よりも確かな現実に見えはじめる。

ところがいったん旅に出ると、別の国には別の歴史や宗教があり、自分の社会的ステータスや常識が通用しないような場面にも出くわすようになる。自然と自分の信じる常識が正しいのかどうか疑いを持つような場面にも遭遇するようになる。

そのようなとき、日本はすばらしいが、東南アジアは遅れている、彼らの考え方は間違っている、と感じるべきだろうか。あるいはその逆に欧米など先進国に目を向けて、日本もまだまだ未開な部分がある、と反省すべきなのだろうか。

答えはもう言うまでもないだろう。二つの異なる文化の違いなど、両方とも虚構を信じる能力の上に作られた認知の問題に過ぎず、もとより、どのような問題解決も「現実」を直視する以外に正しい対応などあるはずもないのだ。

戦前のように、日本は神国だから絶対に戦争に負けないと教え、大本営発表で嘘の戦果を垂れ流し、子供たちを軍国少年、愛国少年になるように教育することは、いかにも愚かな事で、絶対に同じ過ちを犯すべきではない。

しかし、その真逆の教育をすれば、偏見の無い全うな人間に育つか、というとそうでもない。なぜなら見てきたように、教育の根本を支える人の認知の仕組みが、それまでと同じ記憶と洗脳に基づいている限り、偏見が左寄りから右寄りになろうと、あるいはその逆になろうと偏見は偏見にしかならないからである。

偏見で出来た「境界」の壁が赤い色で塗られているか、それとも青色に塗られているかがそんなに重要だろうか？

僕は書籍やＴＶ、インターネットなどを通じて、いくら「情報」を集めてみても、その情報が正しいか正しくないかに関わらず、偏見を越えた本当の意味での「現実」を知る助けにはならない、と思っている。

目の前に誰かがいて、その人と直接会って話をするのと、その人に関する情報を文字や画像で得て判断するのとではまったく違う。

生きてある「現実」に直接触れて何かを知るのと、情報として得た何かを信じるのとでは、その情報が正しかろうが間違っていようがまったく違う体験になるのだ。

よく、海外旅行で非日常感を体感する、という言い回しがあるが、僕に言わせれば普段の「日常」という現実こそが実は虚構であり、旅で出会う「非日常」こそが子供の頃に忘れてしまった本当の日常、あるいは本当の「現実」なのだ。

仏教には「世間虚仮唯仏是真」という言葉がある。聖徳太子が残したと言われる言葉で、いわゆる世間（社会）など虚構に過ぎないが、仏の教えこそ唯一の真実である、という意味の言葉だ。

仏の教えがどのようなものかは分からないが、「世間虚仮唯旅是真」と言い直したいと思うのは僕だけだろうか。

もちろん、教育はどの社会にも絶対に必要だし、無教育でほったらかしにするのがいいとは全く思わない。しかし、それを前提にした上でもっと大事なのは、ある一定の年齢に達する頃に、自身が受けた教育が相対的には虚構でしかないと気がつくことが出来るような仕組みと、虚構と知った上で知識や観念を自由に使いこなすことができるようになる能力を獲得するということなのではないだろうか。

「認知革命で得た虚構を信じる能力と、現実に直接触れることで理解することの間に、どれほどの違いがあるのか？　違いがあるとしても、最終的に情報を脳内処理して解釈するという点では違わないんじゃないか」とか「高度に抽象化された観念をもたらすのも認知革命によるものじゃないのか。お前の解釈は幼稚すぎる」などの意見はあるだろう。

だが、僕がここで括弧付で「現実」と書くとき、実はその言葉には特別な意味を持たせて書いている。単に客観的な「事実」でもなければ、主観的に正しく解釈された「真実」というわけでもなく、主観と客観に分けることができない「現実」というものがあるのではないか。そして、そのような「現実」に目覚めない限り、本章でテーマとしてきた「境界」を作り出す偏見の壁を打ち破ることは難しいのではないか、そう思ってこの「現実」という言葉を選んだのだ。

ということで次章以降、この認知の仕組みがもたらす錯覚と「現実」との乖離について、その根本がどの辺りにあるのか、僕がいう「現実」の正体がなんなのか、もう少しだけ深く探っていく。

パンガン島での常宿、ムーンライトバンガローにて。すぐ目の前が遠浅の海で、夕暮れどき、その海にぽつんと泊まった小舟を撮った

第Ⅳ章　楽園のジレンマ

彼岸はどちらの側にあるのか？

1　金村氏の話

ちょっとした思考実験その①――脳だけで意識を保てるか？

ここからはちょっと趣向を変えて、まずは以下のような思考実験から話を始めてみたい。

その思考実験とは、どこかの科学者が誰かさんの脳、つまり人間の生きたままの誰かさん（もしかしたらこれを読んでいるあなた）の脳を、外科手術で頭蓋から取り出し、その脳細胞が死んだり、組織が痛んだりしないように外部の培養液の中に保存することができるとしたら、その場合、その生きたままの脳は、身体から取り出された後も以前と同じように正常な心の状態を保つことができるか？　というものだ。

ＳＦの世界では、昔ヒットした映画「マトリックス」の世界観のように（さすがに脳だけを取り出してという設定ではなかったが）、カプセルの中で生かされた人間に、コンピューターから映像や体験を想起させる電気信号などを送り込んで、人工的に作り出された脳内の幻想世界を、あたかも現実世界であるかのように思い込ませるという未来が描かれていたりする。

最近はＶＲ（バーチャル・リアリティ）が発達してきて、その方面の技術が進化すれば、そんなＳＦの世界観のまま、実際に僕らが普段見ているこの現実世界も、脳に直接信号を送り込む形のＶＲで置き換えることができるようになるんじゃないか、と思っている人も多いかもしれない。

そういう人は当然、科学の発達を前提にして、培養液の中でも脳は通常の心的状態を保ち続けることができる、と考えるんじゃないだろうか。

あるいはちょっと哲学方面に詳しい人なら「それは有名なヒラリー・パトナムの水槽脳仮説という問題だよね。確か脳内の認識世界をＷ1として、外的世界をＷ2にすると、身体がない状態ではＷ1はＷ2を指示することができないから意思の疎通が無理じゃないかとか、形而上的実在論を否定するとか、そういう話になるんじゃなかったかなぁ？」と言うかもしれない。

通常、この手の思考実験では、心とは何か、あるいは意識がどのように生じるかというメカニズム自体を問うわけではなく、脳が単独で心的現象を作り出すことができるということが当然のような前提になっている。その上で、心を持った脳と外部の観察者はどのようにすればコミュニケーションを取ることができるのかとか、あるいは、脳だけの状態の意識と、通常の身体を持った状態の意識とでは何が違うのか、といったところが問題にされることが多いように思う。

ところが最近（と言っても、もう二〇年以上前だが）、実は培養液に漂う脳が仮に完全に無傷なまま生きていたとしても、その状態ではそもそもの初めから、正常な心的状態を保つことはできないだろうということが分かってきているのだ。

「え、実際に実験した事例があるの?・」と思われると困るので説明すると、とある神経学の専門家が脳疾患患者の臨床例などを元にそのように主張しているのである。その専門家とは、ポルトガル出身の神経学者で「ソマティック・マーカー仮説」という独自の仮説を発表しているアントニオ・R・ダマシオ氏だ。

ダマシオ氏は、その著書『生存する脳』(田中三彦訳、講談社、二〇〇〇年/文庫版『デカルトの誤り』ちくま学芸文庫、二〇一〇年)の中で、人が心的現象を作り出すメカニズムに関する考え方にも言及していて、それに拠れば、脳を身体から完全に切り離すと、その時点で心的現象を生み出すためのメカニズムが機能しなくなり、その脳は正常な心の状態を保つことができなくなるはずだ、というのだ。

常識的には、一般に意識とか思考とか呼ばれるものは(その正体が何かはともかく)、とりあえず脳内で作られるもの、ということになっている。

もちろんダマシオ氏も、最終的に脳内で意識が生じる事自体を否定しているわけではないが、脳といえども、肺や心臓など他の臓器と同様に身体の一部でしかなく、脳が単体で心的現象を作り出しているわけではないのだ、という。つまり、脳は他の身体と生物化学的調節回路、神経的調節回路を通して相互につながっており、その間で神経伝達物質などを含めた情報のやり取りがあるからこそ、正常な意識を保つことができるというのである。

「脳卒中とかで寝たきりになって、身体が動かせなくなったのに意識がある人もいるじゃないか」と反論する人もいると思うが、その場合は脳のどの箇所を損傷されたかにより、身体とのつながりが完全に破壊されていなければ意識は保てるのだそうだ。つまり、具体的に脳のどの箇所が損傷を受けると、どのような身体機能がダメージを受けるのかとか、意識の様相がどのように変化するのかについても、かなりの程度臨床例があって分かっているのだという。

また「身体がなければダメだというなら、脳に身体とやり取りされるときに送られる化学信号や神経信号なりをシミュレートできるシステムを外部に作ってつなげてやればいいじゃないか」という反論もありそうだ。その場合は確かに、攻殻機動隊（ＳＦマンガです）みたいに義体（要するにサイボーグ）か、それと同じ役割を果たす装置をつなげればいいということになりそうだ。だが、それだと最初の命題の「脳だけを取り出す」という話と違ってきて、結局、生身であるか義体であるかは別にして、意識を保つためには外部に身体が必要だ、ということになる。

こうした考え方を元に、ダマシオ氏は同書の中で、人が物事を推論し意思決定をする際には、論理的な思考だけではなく、身体機能に支えられた情動や感情が重要な役割を果たすという「ソマティック・マーカー仮説」を展開していくわけだ。

だが僕が興味を惹かれたのは「ソマティック・マーカー仮説」そのものではなく、その仮説に至るダマシオ氏の提示した考え方の枠組みそのものの方だった。

ダマシオ氏は科学者なので、仮説に関しては明白に論証できる範囲のこと（この場合は意思決定に感情や情動の支えが必要という部分）だけを提示しようとしていたようだが、同書の中では、その仮説に至る経緯や、考え方の枠組みについてもエッセイ風に説明されていて、僕にはそちらの方がはるかに興味深かったのだ。

たとえばダマシオ氏は、脳と身体は分割不可能な有機体であるという前提のもと、心が自己意識を獲得する脳内プロセスを次のように説明している。

まず脳内には、これまでに経験した自伝的情報や将来に関する一連の計画など、個性を定義づける情報、いわゆるアイデンティティの元になる情報の指示的表象をマッピングする箇所（自己の表象）がある。

さらに別の箇所には、身体の恒常性（ホメオスタシス）を元に、身体状態をモニタリングする原初的表象（身体の表象）をマッピングする箇所もある。

その上で、その両者と相互に結びついて、それらの情報を同時に参照する第三の神経構造（サードパーティのニューロン集合体）もあるのだという。

これを前提に、自己意識を獲得するには、たとえば外部の対象Xを認識するというような場合、まず身体の表象が対象Xとの関わりの中で変化し、それが自己の表象とともに第三の神経構造の中で同時に参照される必要がある、というのだ。

要するに、単に外部の対象Xを見たという情報を脳内にマッピングするだけでは、その情報を誰が見ているのかという疑問に答えることはできないし、一方、自分の自伝的情報をマッピングして記憶として貯えているだけでもだめで、いくら詳細な記憶があっても、その記憶は誰のものなのか？　ということになり、やはりその情報だけでは自己意識を獲得することができない。

なので、いわゆる自己意識を獲得するには、その両者が第三の神経構造の中でトポグラフィ的に構造化され活性化される必要がある、というのである。

とまあ、こんな風に書いても、正直、専門家ではないので用語の使い方が合ってるかどうかも怪しいので、実際に著者の言葉をそのまま同書から引用してみよう。

そのとき脳は単に対象のイメージを生み出しているのでも、あるいはその対象に対する有機体の反応のイメージを生み出しているのでもない。第三のイメージ、すなわち、ある対象を知覚し、それに反応している有機体のイメージを生み出しているのである。

（『生存する脳』三六一頁）

確かに、外部の対象Xのイメージを脳内で構築するというだけでは、そのイメージをいったい誰が見ているのか？　という疑問に答えることはできない。

有名な「ホムンクルス（小人）が脳内にいてそれを見てるんだよ」というような単純なモデルでは、じゃあ、その小人の中にもう一人、より小さな小人がいないとだめだよね、という主観性の無限後退の誤謬に陥ってしまう。

これに対して引用のように外部からの刺激に反応する「身体表象」と、内面的な自伝的記憶を元にした「自己の表象」が、相互に反応して第三のイメージを生み出すことで主観性が生じているとするなら、少なくともホムンクルスの誤謬は回避することができるわけだ。

ソマティック・マーカー仮説と唯識論

実をいうと、僕はこの考え方に触れてちょっとした衝撃を受けたわけだが、そのとき真っ先に思い浮かべたのは、仏教の「唯識論」の考え方だった。

といっても、その当時、それほど唯識論に詳しかったわけではなく（今でもそれほど詳しいわけではないが）、高校時代とかに図書館で入門書を借りて読んだ程度の知識しかなかったのだが、それでも意識をいくつかの層に分けて、お互いに参照する仕組みになっているとするところが、なにか似たようなところがあるように思われたのだ。

その当時の僕の知識では、唯識論では意識を通常の意識のほか、末那識、阿頼耶識という具合にいくつかの層に分けて、いわゆる自己意識が生じる仕組みに関しては、末那識の所縁は阿頼耶識という具合に、お互いを参照するかのような仕組みを提示して説明していたように記憶していて、それが妙に似ているように感じられたのである。

もっとも、それまで僕は、唯識論は説明のための説明というか、あくまでも仏教的な文脈のなかで、本来「無我」のはずの人間になぜ我執が生じるのかというような疑問に、できるだけ論理的に答えるためにひねり出した、ご都合主義の理論という印象を持っていたのである。

仏教はどうせ無我を教えているんだから、無我なら無我で四の五の言わずに無我でいいじゃないか。なんで深層意識みたいなものを、しかも念入りに多重構造にして、一方は他方の見分（見る側の心）を所縁（その対象）にするだのなんだの七面倒くさいことを言うのだ、と思っていたのである。

これに対して、たとえば、よくあるデカルト的心身二元論だと、心は心、身体は身体で、両者はまったく二つの別のもの、ということになっている。直感的に理解しやすいし、何よりシンプルで分かりやすい。

しかしそれだと、先ほどのホムンクルスの誤謬のように主観を生じる主体は何処にあるのかとか、死んだあと魂はどうなるのかとか、生まれ変わりはあるのかとか、そもそも外的対象を認識しても、その認識をもつ心のありようは他者には絶対に伝わらないんじゃないかとか、なんだかんだで最終的にどうやっても独我論から逃れることができなくなってしまうように思える。

それを理屈の上だけでもなんでもいいから、力ずくでなんとか無我であることを納得させよう、というのが唯識論なんじゃないか、という程度に思っていたのだ。

もちろん、ダマシオ氏は西洋文化圏の人なので、仏教については知らないだろうし、実際、同書の中でも唯識論については何も触れられていない。

しかし、デカルトの心身二元論については割と厳しめに非難していて、実は同書の原著のタイトルは「デカルトの誤り」となっているくらいなのだ（ちなみに後年、同書が文庫化される際には、この原著のタイトルを直訳する形で改題されている）。

こう書くと「ちょっとまて、唯識論では外境（外的世界）を認めないんじゃなかったか？」と反論されそうだ。

だが、唯識論でいうところの「外境」と、世間一般でいうところの外的世界は、その物質性の捉え方がかなり違うので、単純に外的世界を否定して内的意識だけを認める、というものではないと思う。そうでなければ、唯識論は単に身体性なりの外界を否定して内的精神のみ認めるという、いわゆる「唯心論」になってしまうからだ（この辺りの考え方は、この章のなかで少しづつ説明していく）。

というより、より正確に説明すると、ダマシオ氏の説明に沿って心身二元論を否定し、自己意識が生じる心的仕組みを咀嚼していくうち、僕はその考え方をそのまま演繹して、仏教の空や縁起、唯識論の解釈にも適用することもできるのではないか？　と思うようになって上記のような捉え方に至ったのである。

たとえば、ダマシオ氏が同書で提示した捉え方で革新的だった部分は、単に「脳」と「身体」が不可分の有機体であるということだけではなく、その脳が作り出す「心」が正常に機能するためには、構造的に「身体」の支えが必須であるということと、その仕組みを提示した点にあった。

しかし、その考え方を自己意識が生じる仕組みにも演繹していくと、「心」と「その内容」、もしくは「認識者」と「認識の対象」、もっと言うと「思考」と「思考者」も不可分で、一方が成立するためには他方が必須となる関係なのではないか、ということに思い至ったのだ（ダマシオ氏自身はさすがに直接そこまで言っているわけではなく、あくまでも僕が勝手にそう解釈しているだけではある）。

つまり「主観」と「客観」も、一方がないと他方が成り立たない相互関係で成り立っていて、昔からある縁起の説明「これ有るが故に彼有り」に沿って説明するなら、客観があるから主観がある、あるいは客観がなければ主観もない、と言い得るのではないか？　そして、その主観と客観の分別が生じる仕組みを説明するため、単に「空」の説明では不十分として出てきたのが唯識論だったのではないか、と思うようになっていったのだ。

そう言えば、仏教には昔から「身土不二」という捉え方もあって、身体とその生きる環境は不可分のものであると説明することがある。それに沿って説明するなら、何を観て何を考えるかという思考の内容と、その思考を操っている（つもりでいる）思考者は不可分である、という説明の仕方もできるかもしれない。

ちなみにダマシオ氏は後年、別の著書で自己意識を「原自己」「中核自己」「自伝的自己」というくつかの層に分けて説明し、その間の客体的自己と主観的自己の関係性についても言及するようになっている。


さて、僕は以前、人生の最大の関心事のひとつに「現実とは何か」という問いがあった、と書いた（第Ⅱ章1〈最初の旅で求めていたもの〉参照）。また、前節の最後のあたりでも主観と客観に分けることのできない「現実」があるのではないか、と書いた。

この章を、上記のような思考実験の話から始めたのは、その「現実」がどのようなものかという捉え方の土台を提示しておきたいと思ったのと、単なる娯楽として観光で世界を（外的対象として）観て回るのと、旅を通して世界と自己のあり方を問いかけることの違いを説明するためのとっかかりになればと思ったからだ。

このあたりのより詳しい説明は少しづつしていくとして、とりあえずいったん旅の話に戻ることにしよう。

金村氏との出逢い

最初の旅を終えて帰国した僕は、とりあえずカメラマンとしてフリーで仕事を始めることにした。

出版社や編集プロダクションに売り込みに行くと、仕事は案外簡単に見つかった。当時はまだほんのりとバブルの余韻が残っていて、インターネットが普及する前だったこともあり、出版業界も不況に強い業界としてそれなりにまだ勢いがあって、仕事は割りと潤沢にあったのだ。

仕事を始めて二年目くらいだったろうか、僕はとある編集プロダクション経由で知り合った同業のＦ氏の紹介で、金村と名乗る男と面識を持つことになった。

Ｆ氏は、僕と同じ時期にカメラマンとして仕事を始めて、同じような編集プロダクションに出入りしていた男で、この仕事を始める前にインド方面へ旅をしていたという点も偶然同じだった。

金村氏と最初に会ったのは、そのＦ氏が主催した飲み会に参加したことがきっかけだった。確かＦ氏から、モンゴルのパオ（ゲルともいう移動式の家屋）みたいな内装の珍しい店があって、そこで自分の旅仲間を集めて飲み会をやるから君も来ないか、と誘われ、どちらかというとそのパオ見たさに出席したのだった。

僕自身はインドを旅しているときにはＦ氏とは出会わなかったのだが、偶然とは面白いもので、その飲み会には、最初の旅の途上、インドとネパールで二回出会ったことがあるH氏という男も同席していて、期せずして久しぶりに日本でも再会するという場面もあった。

事前にF氏とH氏が知り合いであるとか、その飲み会にH氏が出席するということも知らなかったし、そもそもH氏とはそれほど親しくしていたわけでもなく、帰国後に連絡を取り合っていたということもなかったから、まったくの偶然の久しぶりの再会には、本当なら相当驚いたはずなのだが、その割りには驚いた記憶はあんまりなかったりする。当時はそういう偶然の再会があまりにも頻繁にあって、一種の旅人あるあるネタになっていたくらいだから、この程度の偶然では驚かなかったのかもしれない。

それはともかく、その飲み会に出席していた人物のひとりが金村氏だったのだ。彼は主に横方向に大柄な体格をしていて、今にして思えば、メガネこそ掛けていなかったが、雰囲気的にはマレーシアで暗殺された北朝鮮の前指導者の息子のような風貌の男だった。

その飲み会には確か、全部で五〜六人程度しか出席していなかった。どんなメンツが集まっていたかというと、確か出席者の一人は、中国旅にはまって今は中国に留学していて一時帰国中という男だった。前述のH氏は、その昔、劇団を主宰して役者を夢見ていたのに、いつの間にかバイトのほうが儲かるようになってしまい、そのことに悩んでインド旅に出たという経歴の持ち主だった。飲み会を主催したF氏も、元々は中学で国語の教師をしていたのに、旅に目覚めて教師を辞め、帰国後にカメラマンになったという人物で、まあ、簡単に言えば僕も含めて、一般的な社会からはドロップアウトした人間の集まりによる飲み会であったのだ。

金村氏はというと、僕の記憶が確かなら、その当時、旅の面白さに目覚めて、勤めていた商社をやめてしまい、今は大学の図書館でアルバイト的に働いているというようなことを言っていた。商社といっても小さなところで、大手の総合商社というわけではなかったようだが、それなりに安定した仕事を辞めて旅に出るくらいだから、やはり結構な旅好き人間であったと言っていいだろう。金村氏は京都方面に住んでるとかで、僕は関東住まいだったので、しばらくその飲み会でしか接点がなかったのだが、なんの因果か、その数年後、タイのバンコクでまた再会することになるのである。

フリーで仕事をしていると、依頼を受けて撮影するだけではなく、自分から何かテーマを見つけて撮影し、それを作品に仕上げたものを出版社に持ち込むということもするようになる。特に僕の場合、それなりに文章を書くのも好きだったので、旅のついでに取材したことを記事にまとめて出版社に持ち込むということも始めていた。

ちょうどバンコクで金村氏と再会する頃、僕はインドに遊びにいったついでに、後にＩＴ都市として有名になるバンガロール（現ベンガルール）を取材して、そのソフトウェア産業の実態を記事にまとめることに成功したばかりだった。とある経済系の雑誌に持ち込んだら、初見の売り込みにもかかわらず、いきなり巻頭カラーを六ページももらって、特集記事として掲載してもらうことに成功したのだ。

今でこそインドのソフトウェア産業はそれなりに有名だが、その当時（一九九五年頃）の日本ではあまり知られておらず、もちろんバンガロール自体もほとんど無名で、一部で名前が上がることはあっても、実際にソフトウェア産業に焦点を当て、写真付きで現地の様子を紹介した記事は僕のものが初めてだったように記憶している。

ちなみにその編集部には、記事を見たＮＨＫから、現地を取材して番組を作る予定があるから僕を紹介してほしいという問い合わせがあったそうだ。惜しいことに、その問い合わせがあった頃、僕はまた別件で海外に出て留守にしていたので、その取材には同行できなかった。あのときＮＨＫ取材班と一緒に再度バンガロールに行っていたら、今より少しは仕事の幅が広っていたかもしれない。

話を元に戻そう。その持ち込み記事の成功に気をよくした僕は、次はアジアを旅する日本人、もしくはアジアで働く日本人についての記事を書こうと思い立ち、とりあえず日本人旅行者がたくさんいるバンコクに降り立ったのである。

金村氏はというとその当時、バックパッカーが集まるカオサン通りのすぐ近くの、テラスゲストハウスという安宿を定宿にしていた。

事前に連絡を取り合った記憶がなく、どんな経緯で金村氏と再会したのか、そこのところの記憶はあいまいだったりするが、だいたい同じ時期に同じところを旅していれば再会するのがその当時の旅の定跡であった。

再会の場で金村氏が力説して主張するには、暑さが厳しいバンコクで、巨体で汗かきの自分が少しでも涼しく過ごすにはクーラーのある部屋は必須だ、しかし、カオサン周辺でクーラーがあって、でもそれなりに安いゲストハウスというとここ（テラスゲストハウス）しかない、ここがベストなんだよ、とのことであった。

金村氏は一時が万事、なにごとにもこのようなこだわりの持論を展開する男で、やれ一〇バーツでバミー（いわゆるタイ風ラーメン、さすがに普通は安くても一五バーツはした）を食べられる屋台を見つけただの、あそこの食べ放題は得だから絶対におすすめだの、僕がどこかに行こうとすると、それならバスはここで捕まえるより、ちょっと先のバス停で何番に乗ればいいとか、何かにつけ細かいというか、自分なりのこだわりを満たせるような、納得できる情報をとことん追求しないと気が済まない性分があるみたいであった。

とまあ、ここまで書けばそろそろ、九〇年代後半にバックパッカーとしてバンコクを旅したことがある人には、この金村氏の正体が誰なのか分かってきたのではないだろうか。

そう、彼こそは後にバンコクで一世を風靡する伝説（という事にしておこう）の「ジミーくんバスマップ」を作った作者であり、バックパッカーを相手にした究極の貧乏旅行本「バンコク・カオサン　プー太郎読本」を出すことになるライター、ジミー金村その人なのだ。

知らない人のために一応書いておくと「ジミーくんバスマップ」とは、金村氏がそのセコイこだわりを遺憾なく発揮した、バンコク市内のバスルートを紹介した手書きの地図のことで、どの路線のバスに乗ればどの観光名所に行けるかを事細かに書き綴った便利マップのことだ。この当時は、そこまで詳細にバスの乗り方を紹介した日本語の地図はなかったから（現地語でも、他国語でもなかったと思う）、学生さんの間で評判が広まり、バンコク滞在での定番ガイドのようになっていたのである。

もっともそうなるのは、この再会のもう少し後のことで、この当時の彼はまだ「ジミーくんバスマップ」も作っておらず、ライター稼業にもまったく縁がなく、カオサンでよく見かけるただの貧乏旅行者のひとりでしかなかった。

この当時、金村氏は、昔は旅でいろんなところを訪れることが面白かったが、今はすっかりバンコクがお気に入りになったとかで、数ヶ月間日本で働いて金を貯めると、残りの大半をバンコクで過ごすようになったと言っていた。

「僕はねぇ、旅が好きというより、バンコクが好きなんだと気がついたんだよ」

何かの拍子にそんな風に語った金村氏の言葉が、今でも妙に印象に残っている。それは「旅」という行為に対して、そもそも旅人が本当には何を求めているのかという「旅」の意味やその本質にかかわる問題を内包する発言だったからかもしれない。

移動しないで一箇所にとどまってるだけなら、それはもう旅じゃないだろう、と突っ込みを

Travel photo gallery 5

Night scenes in Bangkok

カオサン通りに面するレストラン内部の様子。
ポジフィルムを増感して撮ったので画像が粗い

真夜中のカオサン通り。人通りも少なくなって少し寂しげ

トゥクトゥクドライバー。タイでも観光業の人は気軽に撮影に応じてくれる

ドレッドヘアーにしてくれる路上の髪結い。カオサンでよく見る光景

小さい女の子もドレッドに

ここでは怪しげな客引きが声をかけてくるのもお約束

カオサンのすぐ近くにあるインターネットカフェ。深夜なので誰もいない

早朝に近い真夜中、バックパックを背負った女子が安宿から出てくるところ

入れたくなる人もいるだろうが、旅の途上、自然と自分のお気に入りの場所ができてそこに留まりたくなる気持ちは僕にもよく分かったし、その当時はそれもまた旅の一部だよね、程度の気持ちで深く考えることもなかったのだ。それどころか、当時はこの手の旅人の行動パターンは、一つの場所にはまって留まるという意味で「沈没」と呼ばれていて、バックパッカーの行動パターンのひとつとして広く知られていたのである。

もっとも金村氏のそれは「沈没」というより、最初からバンコクにしか行かないのだからもっと徹底していたわけで、やっぱりこれは「旅」とも「沈没」ともちょっと違うよね、ということになったのか、いつの間にか二〇〇〇年代に入ってしばらくしてから「外こもり」と呼ばれるようになっていった。

「外こもり」とは、いわゆる「引きこもり」に引っ掛けた造語で、国内で同じ事をやれば「引きこもり」でしかない行動パターンを、わざわざ海外でやってるよね、という揶揄を含んでいたようで、あまり肯定的な言葉ではない。

最初は旅として訪れても、現地が気に入ってそこに住もうとする人が出てくるのは自然なことで、それを否定的に表現するのは、個人的にはあまりいい気はしなかったが、バンコクに長期滞在する人たちには、いわゆる世間的な基準からは、あまりろくな人がいなかったのも事実であった。

確かに当時のバンコクは物価が驚くほど安く（今でもそれなりに安いが）、絶えず仕事をしていなくても、日本で数か月働いたわずかの金があれば長期滞在が可能だった。

たとえば、安宿の宿泊費はドミトリー（大部屋）が五〇バーツからで、個室でも一〇〇バーツ程度。先に屋台のタイ風ラーメンが普通は一五バーツ程度だったと書いたが、その他の食事も量は少ないがやっぱり二〇バーツ程度からあった。ということは一バーツが三円として、日本円で一日六〇〇円、一ヶ月では二万円もあれば十分それなりの滞在が可能だったのだ。

ついでに言うと、当時は旅行者に対するタイ国の扱いもいい加減で、単なる観光ビザで入国しても長期滞在が可能になる抜け穴もあった。

そして何より、パッポンなど歓楽街が身近にあり、酒も女も遊び場には事欠かないうえ、カオサン通り周辺みたいに外国人ばかり集まる場所も周到に用意されていたわけで、とにかくここに居さえすれば、仕事も、社会的責任も、将来の債務も義務も何もかも忘れ、自分の好きな時間に起きて、眠くなったら好きな時間に寝てもいいし、その他何をしてもいいし、もちろん何もしなくても誰からも文句を言われないみたいな、ある種浮世離れした楽園のような雰囲気があったのである。

インドも中国も、その他東南アジアも一通り踏破した金村氏は、最終的に自分なりの旅の目的地をこの地に見出していたようであった。

そんな旅人たちにとっての楽園ともいえるバンコクではあったが、僕自身は以前紹介したアーティスト・プレイス（第Ⅱ章2〈コニーと安宿探し〉参照）での滞在を別にすれば、それほどバンコクに魅力を感じていたわけではなかった。ひと一倍天邪鬼な僕は、タイよりもインド、バンコクよりはカルカッタの方が好みだったのだ。

それでも移動の拠点として、あるいは情報の収集地としてバンコクは何かと便利な場所ではあったので頻繁に訪れてはいた。

そして前述の通り、このときは、アジアを旅したり、アジアで仕事をしている面白そうな日本人を見つけて取材し、記事にまとめて売り込もうと、ひそかなもくろみを胸にこの地を再訪していたのである。

バンコクのことなら何でも知っていそうなこだわりを発揮する金村氏と久しぶりに再会を果たして話し込むうち、ふと今回の旅の目的を思い出して相談してみると、金村氏は目を輝かせて、それならぜひ紹介したいぴったりの人物がいる、と言ってきた。

話を聞くとその人物とは、年齢的にはそこそこの年配者で、まだ海外旅行が一般的でなく、欧州に行くにも飛行機よりシベリア鉄道という時代に旅していた元祖バックパッカーなのだという。今は何をしている人なのかと聞くと、セミ・リタイアしてパンガン島に住んでいる、ということであった。

「僕はひそかに、その人のことを北陸の落合と呼んでいるんだよ」

金村氏のその比喩には、さすがに意味が分からず説明を求めたが、北陸とはその老人の出身地方で、落合とはジャーナリストの落合信彦氏のことだという。なんでも北陸方面の地方紙とかに自分の旅行体験などの紀行文を寄せていたことがあるとかで、金村氏的には世界を股にかけた元バックパッカーというイメージだったのだろう。

落合氏の著作を読んだことがなかった僕にはいまいちピンとこない比喩だったが、金村氏なりに、その老人がいかにすごい人なのかを表現しようとしていたようであった。

（パンガン島か。そう言えばまだ行ったことがなかったな…。）

金村氏の下手な比喩にはいまいち納得できなかったが、それでも、その老人がパンガン島に住んでいるという説明には、僕の取材アンテナが鋭く反応した。

なんといってもその当時、パンガン島にはバックパッカーが思い描く理想の楽園、いわゆる南の島のパラダイスというイメージがあった。

決して高級路線のリゾートホテルが立ち並んでいたり、その手のビーチリゾートがあったというわけではなく、むしろ、場所によっては電気もろくに通ってなくて、竪穴式住居に毛が生えた程度の格安バンガローがあるだけだったり、ビーチも有名なピピ島ほど綺麗ではないうえ、素朴な漁村も点在する島ではあったが、それでも当時から、フルムーン・パーティーと称するレイブパーティーが行われるバックパッカーの聖地的存在として知られていたのだ。

ということで、多少不純な動機を内包しつつも、次節ではそのパンガン島でセミ・リタイアして優雅に暮らすという、元祖バックパッカー老人を訪れる話へと続く。

2　千葉さんの話

ちょっとした思考実験その②――計測と実体について

前節の前半同様、ここでもちょっとした思考実験から話を始めてみたい。といっても、今回のそれは実験ともいえないくらい簡単なものだ。

その思考実験とは、コップの中に二〇〇㎖程度の水が入っているとして、その水の温度をどうすれば正確に測ることができるのか？　というものだ。

あまりに単純で簡単なので、そんなの考えるのもばかばかしいと思った人も多いだろう。たいていの人は「普通に温度計を持ってきてコップの中に入れて測ればいいだけじゃないの？」と思ったのではないだろうか。

しかしよく考えてみると、二〇〇㎖程度の水の中に、直接、温度計を入れてしまうと、温度計自体の温度があるから、本来の水の温度がその温度に影響されて、正確な水の温度が測れない可能性があるのではないだろうか？

何が問題なのか分からないという人のために、もうちょっと分かりやすく改変して説明すると、コップの大きさが小さくて、中に水が一〇㎖程度しか入っておらず、かつ、温度計も計測前に冷蔵されていて、コップの中の水の温度とは明らかにかけ離れた冷たい温度だったとしたらどうだろうか？

さすがにこの場合、水の温度と冷蔵されていた温度計の温度とが混じってしまうので、元の水の温度を正確に測れないのではないだろうか？

「なんだ引っ掛け問題か、ばかばかしい。だったら、そんなのは非接触型の温度計で計測すればいいだろう」と言う人もいるかもしれない。

だがその場合、コップの材質によっては中の水の温度は正確には測れないだろう。コップ自体の温度は測れるかもしれないが、内部の水の温度自体を測るのは難しいだろう。

仮に百歩ゆずって、それでうまく計測できたとしても、原理的に非接触型の場合、対象物からの放射熱を測るわけだから、その温度は、測るそばから変化していっている最中で、正確な水の温度とは言えないかもしれない。さらに付け加えると、内部で対流が起こっていて、計測される水の上部とその内部とでは温度が微妙に違うかもしれない。

ここまで言うとさすがに「そんなのは仮に違いがあったとしても、それこそ無視できるくらいの小さな誤差だろう」という人がほとんどではないだろうか？

しかし、これは本当に「誤差」とか「程度」の問題なのだろか？　温度計の温度が水の温度に与える影響が無視できるぐらい小さければ、それは本当に誤差の問題と考えていいのだろうか？

　では今度はちょっと条件を変えて「コップの中の水の温度」を固定することができる、としたらどうだろうか？

　つまり、どんな温度の温度計を入れても「コップの中の水の温度」は、その外部からの温度の影響を一切受けないようにできる、としたらどうだろう？　そうすれば他から影響を受けないので、コップの中の水の固有の温度を正確に測れるようになるのではないだろうか？

「なるほど、それならうまくいきそうだ」と思った人には申し訳ない。実はこちらが引っ掛け問題で、よくよく考えてみると、仮にそのように温度を固定してしまうと、今度はとたんに温度の計測自体が不可能になってしまうことに気が付くはずだ。

　当たり前の話だが、そのように仮定したら、水の温度が温度計に影響を与えないので、どうやっても温度計の目盛りが動かず、そもそもの最初から温度を測ること自体ができなくなってしまうのである。

　ここまで書けば明白と思うが、この問題のおかしなところは、そもそも「温度」というものは普遍的に存在するもので、コップの中でだけ固有の温度を保ち続けることなんてできないはずなのに、さも最初から、そういう「実体」があって、その温度を正確に測れると思い込んでしまう、というところにある。

そして、さらによくよく考えてみると、これは「温度」の問題だけではなく、この世に存在するありとあらゆる物理現象に関しても同じように言い得ることだと気が付くだろう。

たとえば仮に今、ここにAという物体があって、この物体Aには強固な実体とたしかな自立性があり、いかなる意味でも他の物体や物理現象から一切影響を受けず、それ自体の固有の実体から変化しない物質で出来ている、と仮定してみよう。

そうすると、まずこの「物体A」は人間の目で見ることはできないということが分かるだろう。見るためには光が反射する必要があるが、光が反射するということは、光が当たった物体Aの側にも何らかの物理的な反応（たとえば光電現象とか）を引き起こして変化が起こってしまっているはずだからだ。

当然、物体Aは手で触ることもできないだろう。手で触れて反発するというのもそれなりの物理現象で、触れる側も、触れられる物体Aの側にも何らかの影響を相互に与え合っているはずだからだ。

つまり「他の影響を一切受けず、変化しない固有の実体」というものが存在すると仮定すると、その「実体」はいかなる意味でも観測や計測が不可能になって、そのような「実体」は物質現象としては存在できない、ということになるのである。

実はこの「コップの中の温度を測る話」は、量子力学などで言うところの、いわゆる「観測問題」を自分なりに理解しようとしたときの思考実験なのだが（特に元ネタは無い）、途中からすぐに、まてよ、これは仏教で言うところの「縁起」と「空」の説明そのものじゃないか、と気が付いたのだ。

「空即是色」は間違っている？

前節の〈ソマティック・マーカー仮説と唯識論〉で僕は、唯識論でいうところの「外境」と、世間一般でいうところの外的世界は、その物質性の捉え方がかなり違う、と書いた。

僕らは普段、それほど意識しないだけで、普通に「コップの中の水の温度」はあると思っているだろうし、物質現象には「実体」がある、と思っているはずだ。

これに対して大乗仏教の論師たちは、そのような「実体」は存在しない、すべては「空」であると主張してきた。

先の思考実験に沿って縁起と空を解釈するなら、僕らがあると思い込んでいる「コップの中の水の温度」には「実体」が存在しないから「空」であると言えるだろう。

また「空（実体がない）」であるからこそ、お互いが影響し合ってその温度を測ることができるのだ、という言い方も可能になるはずだ。

「他から影響を受けない固有の実体」を仏教でいうところの「自性（svabhāva）」として、そのような自性のある「実体」が存在できない事情を「縁起」として説明するなら、この話は

「縁起」と「空」をうまく説明できていると言えるんじゃないだろうか？

もっとも、世の中に様々な「空」と「縁起」の解釈があるようで、誰が最初に言い出したのか、最近は「色即是空」は正しいかもしれないが、「空即是色」は正しくないという言説をよく耳にするようになった。

僕がこの思考実験をした当時（二〇年以上前だが）は、あまりそういう主張は聞かなかったような記憶があるから、ここ二〇〜三〇年くらいで急に言われだした言説だと思う。

しかし、さすがにこの主張は「空」を物質現象の側の「虚無」と曲解した、誤解に基づく解釈であるように思う。伝統的な解釈が正しければ「空」とは、さまざまな事象に「固定的な実体」がないことを指した言葉で、「虚無」などではなく、基本的には「縁起」とセットで捉えるべき、その同義語というべき言葉だからだ。

はたして「実体」として存在しないのは、僕らの頭の中にある観念としての「コップの中の水の温度」だろうか？　それとも目の前の現実の側にある「コップの中の水やその温度」のことだろうか？

目の前の現実の中に自性（svabhāva）としての「実体」がないのは当然として、そのような「実体」があると思い込んでしまうのは、人間の側の頭の中で起こる観念作用の成せる業というべきではないだろうか？　そしてもちろん、目の前のコップや、水や、その温度という「現実」そのものが虚無であるはずはない。

わざわざこんなことをくどくどと書いたのは、物質現象は「空」だから、この世はすべて「虚無」なんだよ！　とするようなオカルト的解釈が世間にはあまりに多いと思ったからで、前節で紹介した唯識論も、世間一般で言うところの単なる「唯心論」ではないということを説明したかったからだ。

もちろん「空」それ自体を、観念的に実体視すること（この場合は世界を「空」だから「虚無」なるものとして観ること）も可能だが、伝統的解釈でも「空亦復空」として、その場合は観念的実体として観じられた「空」をさらに空化する必要があると言われている。

「空」はもともと人間の側の「観念としての実体視」を否定したもののはずなのに、逆に「空」を「虚無」と同義のものとして実体視し、虚無主義に陥り、自らの観念を強化してしまう者は救いがたい、という訳だ（「空」を観念として実体視する、の部分がわかりづらいと思うので、このあたりは次節でもう少しだけ解説する）。

もちろん、これとはまったく逆の解釈、たとえば「縁起」は存在論として解釈せず、意味上の論理的相関関係として捉えるべきだという説や、仏教本来の縁起は「相互依存の縁起」ではなく「十二支縁起」だけだ、などという説もあるのは承知しているが、ここではそれらの説をとらない。

「現実」とは何か？　あるいは事象の「実際のありよう」はどうなのか？　ということを探っていくうちに、その捉え方が「縁起」や「空」のそれと似ていると気がついたというだけで、思想としての仏教を論じたいわけではないからだ。

ただ、前節の思考実験もそうだが、これらの話は、単に旅についてだけでなく、人生の途中で誰もが出会うだろう、とある重要な問題（本章のテーマになっている問題）を解決するための基本的考え方の土台にはなると思うので、これらの話を頭の隅において旅の話を読みすすめてもらうといいかもしれない。

金村氏とパンガン島へ

ということで旅の話を続けると、バンコクで再会した金村氏の推薦で、僕は元祖バックパッカーとでも言うべき老人を取材するべく、パンガン島を訪問することにしたのだった。

とは言うものの、これまで僕はパンガン島には行ったことがなく、現地の土地勘がない。金村氏に説明されても、老人が住居とするバンガローが島のどの辺りにあるのかまったく分からなかった。

た。

「そのバンガローの電話番号とか分からない？」

「電話なんてあったかな。バンガロー名は分かるけどね」

僕が割と本気でパンガン島に行く気であると分かると、金村氏もだんだん乗り気になってきた。

「パンガン島まではバスとかで行くんだっけ？」

「普通はバスとフェリーだね。カオサンから直通のジョイントチケットがあるから、それで行くのが一番安いんじゃないかな」

島自体には飛行場も無いようで、対岸の町まで夜行バスで行って、そこからフェリーで渡るのが一般的ということだった。

「でも夜行バスは荷物を盗まれたりするから気をつけたほうがいいよ」

と金村氏が脅かすように言う。

「荷物室に貴重品ごと預けておくと、夜に停車してる最中に中身だけ抜かれたりするからね」

「えっ、タイの夜行バスってそんなに危険だったっけ？」

「油断してると危ないよ。自分もやられたことあるからね。いや〜、あれには参った」

「………」

とまあ、こんな調子で計画を練っていくうち、暇をもてあましていた金村氏も、久しぶりだから自分も一緒に行くと言い出した。

最初の旅を終えてからの僕の旅は、生計を立てるための取材を含む旅がほとんどで、外面的なスタイルから言うと、純粋に放浪するという意味での本来の「旅」とは違ったものになりつつあった。

もちろん取材旅は、本来の「旅」だけではなく、いわゆるリゾート滞在をのんびり楽しむ観光旅行とも違ったわけで、このときも取材という名目がなければ、わざわざパンガン島を目的地にしようとは思わなかったかもしれない。

とはいうものの、このときは、それほどまじめにその老人を取材しようとしていたかと言うと、そうでもなかった。内心、仮にその老人を取材したところで発表できる媒体がなさそうだなとか、まあ、取材にならなければパンガン島でのんびり過ごすのもいいか、という気持ちもあったのだ。

取材するつもりと言ったり、でものんびり過ごすのもいいとか、いい加減だなぁと思われるかもしれないが、僕はガイドブックとかの頼まれ仕事で取材に行くときでさえ、あまりタイトにスケジュールを決めず、何を取材するかは現地に行ってから決める方式でやっているくらいで（さすがに軽く下調べくらいはするが）、自分としてはそういう態度で臨んだときにこそ、逆に思いもかけない出会いがあったり（以前書いたヴュルツブルクの取材時の話みたいに）、まだ誰も知らないような穴場の店を見つけられたりしていい取材が出来るのだと思っている。

付け加えると、僕はもともと、普通のツアー観光や、リゾート旅が特別に嫌いというわけではなかった。今でもそれほど観光ツアーには参加しないが、過度にお金がかからないなら、いわゆるリゾート滞在を嫌がる理由は無い。

最初から特定の目的地があったり、そこで行う行為が限定されていたり、現地で求めることがあらかじめ決まっているなら、それは厳密には「旅」ではないというだけで、そんなのは「旅」ではないからダメだとまで言う理由はまったく無いし、実際、そこまで言うつもりはないのだ。

たとえば、登山が好きな人が、とある特定の山の登山を目的に、そこでの登頂の喜びを求めて山を目指すという場合、普通はそのような登山行きを「旅」とは呼ばない。あるいは釣りが大好きな人がアマゾンに魚を釣りに行くというような場合も、普通は「旅」とは言わないだろう。

では、それらは「旅」ではないからダメなのかと言えば、そんなことはまったく無いわけだ。特定の目的地も無ければ、そこに行ったからといって何をするとあらかじめ決めているのでもなく、そこで何を求めているかも明確でない。

だからこそ、それは単に（目的のための）「移動」ではなく「旅」と呼ばれるのだろう。

そして、最初の「旅」でそのスタイルが気に入ってしまった僕は、その後の仕事の取材旅でも、外面的にどう見えるかはともかく、内面的にはやはり、何を求めているか分からないから「旅」なのだという、この隠れた原則で取材していたと思う。

ということで、このときも結局、当初の計画からはまったく予期せぬ形で、いい年したおっさんの金村氏と二人でという、なんとも色気の無いパンガン島行きとなったのだった。

島へ向かうバスの車中で金村氏とどんな話をしたか、それほど明確に覚えてるわけではないが、話しをしてみると金村氏は意外にまじめに将来のことも考えていた。

たしか生前贈与的に母から相続した、まとまったお金があるから、それをタイに投資して事業をやるつもりだ、というような話をしていたと思う。少なくともこの当時は、将来ライターになるつもりだ、というような話は一切していなかった。

後年、金村氏がライターとして活動し始めたのを知ったときは、さすがの僕も驚いたものだが、金村氏もまた、旅を通じて身につけたある種の臨機応変さ（いい加減さ、ともいう）で、人生そのものを旅にするような処世術を身に着け始めていたのかもしれない。

島へのフェリーはたしか、日本のどこかからか持って来た中古の観光船を改修して使いまわしているものだった（と思う）。それなりの大きさだったが、とても中古船とは思えないような、モーターボート顔負けの快速で島を目指した。

南国特有のまとわり付くような湿った不快な熱気も、甲板に出ると潮風が拭い去ってくれ、爽快な気分になってくる。

甲板の縁から下を覗き込むと、海は青く揺らめき、フェリーは、その青い表皮をナイフで剥きとるかのように、下から白く泡立つ水しぶきをめくり上げ、側線に飛び散らせながら進んで行った。

楽園でのセミ・リタイア生活

同じフェリーに乗ってる連中は、大きなバックパックを背負った二〇代前半くらいの若い西洋人が多く、中にはインドからそのまま来たんじゃないかと思うようなヒッピー風の外見の人たちもいた。

彼らに混じって、ただ無心に海を眺めていると、どこか懐かしいあの感覚が戻ってきた。第Ⅲ章2の〈洗礼を浴びる〉や3の〈バクシーシにどう対処するか？〉あたりでも言及した、あの妙な「現実感」だ。

それは特に大きく開けた自然景観に出会ったときには、かなりの確率で感じられ、たとえば高い山に登って下界を覗き込むようなときや、このときのようにフェリーやボートで大海原を移動するときには強烈なものになるのだった。

久しぶりの「現実感」に浸ってしばらく時間の経つのも忘れて海を見つめていたが、ふと前方に視界を向けると、遠くから小さく見えていた島影が徐々に大きくなってくるのが分かった。

「よう、金村氏。久しぶり!」

そう言って迎えてくれたのは、想像していたよりずっと小柄だが、思ったとおり闊達な雰囲気の、ちょっと色黒な老人だった。

「いやー、千葉さん。久しぶりです」

その老人は千葉さんといい、金村氏は挨拶が終わると、僕をその老人に紹介してくれた。

千葉さんは日本でよく見かける田舎の老人、それも漁村でよく見かけそうな風貌の老人だった。人柄も外見も素朴で飾らない、でもちょっとどこか頑固そうな芯の強さと温かみのある、誰もが思い描くような典型的な「海の男」という印象だった。もっとも僕がそう感じたのは、出会ったのがパンガン島だったからかもしれない。また、今にして思えば、当時まだ五〇代後半だったはずで、それほど老齢というわけでもなかった。

千葉さんがその当時住居としていたバンガローは「ムーンライト・バンガロー」といって、フェリーが着く桟橋から、歩いて二〇~三〇分程度のところにあった。

目の前がすぐビーチで、ちょっと奥まったところにレストラン兼、ロビー兼、受付みたいな建物(調理場とカウンター、飲食用テーブルセットがいくつかあるだけの素朴なスペース)と、周囲に掘っ立て小屋みたいな個別の小屋(バンガロー)が何棟か建っているだけという、島の中でも小規模な部類の宿泊施設だった。

バンガロー内を散策すると、千葉さんが住居としている小屋はすぐに分かった。小屋の周りに釣竿が何本も立てかけられていて、そこだけ地元の漁師の監視小屋と言われても納得してしまいそうな生活感あふれる佇まいだったからだ。

その小屋の前のビーチの前方、つまり浅瀬の海の中には、小さなボートも繋がれていた。

「ここってボートもあるんですね。宿のものですか？」

散策から戻って、ふと何気なく聞いてみると、

「いや、あれは俺のだよ」

との返事が返ってきた。

「え、買ったんですか？　いくらくらいでした？」

「いくらだったかな。まあ安かったよ。地元の漁師に頼んで安く譲ってもらったんだよ」

千葉さんは、具体的な金額はぼかして、でも僕のぶしつけな質問には気を悪くする風もなく笑顔で答えてくれた。

「久保田氏は釣りはするの？」

「いや、特別趣味にしてるとかはないですけど。でも嫌いじゃないですよ」

「じゃあ、時間があるときにでも、あれで海釣りにでも出てみるか？」

「え、いいんですか？　是非！」

千葉氏は、愉快なときにはカッカッと屈託なく笑う人で、このときもそんな風に笑っていたと思う。

宿にはこのとき、僕と金村氏と千葉さん、そして千葉さんの知り合いの別の日本人と、欧州からの若いバックパッカーが数名泊まっていたと思う。

到着したこの日は、夕飯は刺身パーティーにしようということになった。

「ちょうど板前さんも泊ってるし、今夜は釣れた魚を刺身にしよう！」

千葉さんのもう一人の知り合いは元板前さんらしく、秘蔵の醤油も使っちゃおうとか言っていたと思う。

「いいですね〜」

と、食い物の話には相好を崩して機嫌がよくなる金村氏。

バンコクを発つときには、まさかこんな南の島で刺身パーティーで歓迎されるとは思ってもみなかったが、それが旅というものだろう。日が落ちると、お約束の地元のビールを片手に、獲れたての魚を捌いた刺身をテーブルに広げ、千葉さんを囲んでの和やかな夕食会が始まった。

夕食の合間に聞かせてもらった千葉さんの話は興味深いものだった。昔の旅では飛行機は高価だったから、まずは船で大陸に渡ったものだとか、インドから欧州に向かうのにはバイクを使ったとか、その途中、荒野で野犬の群れに襲われそうになって、必死でバイクを走らせながら石を投げて逃げ切ったとか、最終的には欧州まで行き、そこでバイトをして帰国の資金を作った、などなど。雰囲気的にはちょっとした千夜一夜物語を聞いているような趣があった。

このときは千葉さんの話を特にメモに取ったり録音したりしていなかった。すっかり取材モードから、のんびり過ごすモードにスイッチが切り替わって、それほど突っ込んだ質問もしなかった。今にして思えば実にもったいないことをしたと思う。

それでも、その後の千葉さんとの交流で得たいくつかの記憶の断片を集めてみると、千葉さんがなぜ旅に出たのか、特に取材という名目で質問などしてなくても、おぼろげながら見えてくるものがあるような気がするのだ。

たとえば、旅に出る前の仕事について聞いたときには、はじめての就職は地元の役所だったが、こんな仕事をしていると人間がダメになると思ってすぐに辞めてしまった、と言っていた。なぜそれが人間をダメにすると感じたのか、安定した公務員のほうが本当は良かったんじゃないかとか、浮かんできた疑問がないではなかったが、それ以上聞くのも野暮に思えて、そのときはただ黙って聞いていた。

また、ふと思いついて、これまで旅で出会った人の中で特に印象に残っている人はいるか、という質問をしたときには、インドで出会った日本人の仏教僧の名を上げていた。仏教が衰退したインドで、その復興に尽力した僧侶だったそうで、たしか八木上人と呼んでいた。最後に壮絶な自死（記憶が確かなら焼身自殺）を遂げたんだよ、と感慨にふけっていたのが印象的だった。

なぜその僧が自殺したのか、その生き様のどこに感銘を受けたのか、いや、そもそも、その八木上人がどういう人物なのかもまったくわからず話を聞いていたが、千葉さんはその生き様と死に様にかなり影響を受けていたようだった。

このパンガン島に住むための資金はどうしてるのか、という質問には、最初の旅のあとに仕事現場も海外が多くなって、たしか中東とかアラブ方面とかでODAがらみの建設現場を渡り歩くようになり、そこで現場監督みたいな仕事をして金を貯めた、ということだった。

海外のODAというと、いわゆる日本政府から途上国へのひも付き援助として悪名高いものだが、千葉さんが実際に仕事をした当時は、まだその存在自体がそれほどマスコミで大きく取り上げられてなかった頃だと思う。バブルがはじける前だったし、知る人ぞ知る特殊な仕事だったということもあるのだろう、ひとつの現場でみっちり仕事すると、その間遊びに使う暇もないから、かなりまとまった金が貯まったということだった。ちなみに、この当時のタイの金利はそこそこ高くて、そのまとまった金を預けておけば金利だけでそれなりの生活資金になるという話だった。

家族に関しては、旅で出会った女性（日本人）と、帰国後結婚して娘さんも授かったとのことだったが、千葉さんはこの当時、その日本の家族と離れ、このバンガローに一人で住んでいた。離婚したわけではなく、娘さんもたまにここに遊びにくるとも言っていた。それがなぜこういう形で別居しているのか、その辺りの家庭の内情に関しては、さすがに質問しなかったので詳しくは知らない。

なぜ他の場所ではなく、このパンガン島を選んだのか、と聞いたときには「釣りができれば別にどこでも良かったんだよ」との答えだった。ペナン島（マレーシア）とか他も色々探ったけど、ここが一番良さそうだった、とのことだった。

言われてみれば、滞在費が安く（宿泊費は年払いということだった）、ビザの更新も比較的簡単で、気候もよく、大好きな釣りも毎日堪能できるわけで、たしかにここは、釣り好きが隠居するには理想の楽園のように思えた。

ちなみに、このバンガローを運営していたのは、スースーとサオという、まだ若い地元の女の子二人組みだった。ずっと後で知ったのだが、もともとオーナーは別にいたのだが、この二人の女の子が経営権を買い取ることになったとかで、特に年長のスースーが実質的なオーナーになっていたのだ。

若い方のサオは、初めて会ったこの当時は、まだ十代後半だったと思う。スースーはどちらかというと裏方の仕事で忙しく、宿泊客を直接相手にしていたのは、主にこのサオのほうだった。

サオは、いかにも南の島の娘というイメージの、自由奔放な明るい性格で、宿に泊まっている外国人客の間ではちょっとしたアイドル的存在だった。

宿泊客がすることがなくて暇なときは、話相手になってくれるのはもちろん、庭先でバトミントンの相手をしてくれたり、トランプやバックギャモンなどの遊びにも付き合ってくれていた。

サオもスースーも、ホテル業界で働いて、そのノウハウを元にこのバンガローを運営していたというわけではなかった。もともと地元の漁師の娘でしかなく、彼女たちなりに周囲のバンガローの運営方法を見ながら、自分たちでどうすればいいか、何とかサービスを考えながら運営しているという状態だったと思う。サオとおしゃべりしたりゲームの相手をしてもらっていると、気分的には地元の民家の別棟に泊まっているような感じがしないでもなく、それはそれで高級リゾートでは絶対に味わえない、単なる設備の豪華さとは別の次元での特別な贅沢さがあった。

単なる宿の運営者という以上の人間味を発揮してくれるサオとスースーが身近にいたし、天候がいいハイシーズンには僕らみたいな日本人の訪問者もいるし、千葉さんはそれほど孤独ではないようだった。

僕も最初のこの訪問で、すっかりこのバンガローが気に入り、取材のこともどこかへ忘れて、そのまま二週間くらいは滞在したような記憶がある。

昼間は毎日のように千葉さんの小さなボートに乗せてもらって一緒に海釣りに出かけ、夜は宿泊客同士で集まってはカードゲームに興じるという生活が続いた。

正直、自分でも意外なほど楽しかった。子供の頃、近所の森でダンボールを集めて自分だけの基地を作って遊んだときのような感覚というか、あるいは、そのすぐ隣の神社の脇にあった防空壕をローソクの灯を頼りに探検したときのようなというか、いや、もっと普通に一番分か

パンガン島に向かうフェリーの甲板の様子。左の男が腰掛けているのは、乗客の置いたバックパックの山

掘立て小屋のような素朴な造りのバンガロー。かえって冒険心を掻き立てられた

千葉さんと夕暮れまでたっぷり釣りを楽しんだあと帰るところ。装備がちょっとした漁師並みだった

ムーンライト・バンガローを切り盛りしていたサオ(左)とスースー(右)。サオは宿泊客のちょっとしたアイドルで、スースーはまだ若かったが肝っ玉母さん的キャラだった

りやすい例えとしては、修学旅行で旅先の京都の宿で友人と夜遅くまで雑談に興じたときのようなワクワク感にも似た楽しさがあった。

だがその楽しさは、僕が最初の「旅」で感じた、あの「現実」に直接触れることで生じる感動とは違ったものだった。最初の旅は典型的な一人旅だったわけで、誰かと一緒に行動するにしても移動先が同じ方向の間だけ一緒という場合がほとんどだった。

一人で行動していると、自然に内省的になるし、今にして思えばだが、第Ⅲ章の最後〈教育という名の洗脳〉あたりで書いたような社会通念を疑うのにも都合がよかった。社会通念というのは同じ社会で共有される集団幻想のようなものなので、グループで旅をしていると、そのグループ内の通念から抜け出すのが難しくなるように思う。

そしてなにより、最初の旅に出たときには、僕は文字通り、世界というものを何も知らない状態で旅をしていた。しかしこのときには、インドや東南アジアの社会について、そこに住む人々の考え方や習慣、文化について、あるいは自分の背景にある文化的条件付けと、彼らのそれとの相違についてなど、ある程度の知識と見解を持つようになっていた。

いくらインドや東南アジアに物珍しいところがあるといっても、一年も同じ地域を旅をすれば、さすがに新鮮な驚きは少なくなっていく。一口で言えば刺激に慣れてしまうのだ。

それでも、刺激に慣れきってしまう前に、なぜ新鮮さを感じるのかということについて、あるいは自分の持つ文化的条件付けと彼らのそれとの違いに関して、その理由が分かるような理解が生じるならまだいい。

たいていは理解もままならないまま、ああ、この国ではそういうもんなんだ、と勝手に納得して特に気に留めなくなってしまうことのほうが多く、正直、そうなってしまうのが嫌ではあったが、かといってそうならないでいるのも難しかったのだ。

僕がたったの一年程度（もう少し長く旅することもできた）で最初の旅を切り上げて帰国したのも、あちこち移動するだけの旅は、とりあえずはもう十分と感じるものがあったからだ。

昔、僕が旅で出会った人の中には、旅を二年も三年も続けているという人もいた。すごいですね、と僕が感心してみせると、謙遜して「自分なんてまだまだ旅の初心者です。一〇年ぐらいずっと旅し続けている人もいますよ」というのだった。

そういう人の話を聞くたびに、内心、僕はある疑問を感じないではいられなかった。そんなに長く旅していると、旅そのものがひとつの決まりきった日常になってしまって、逆に通常の定住生活のほうが恋しくはならないのだろうか？　と。

よく「隣の芝生は青い」というが、人間とは勝手なもので、寒いところに長くいると暖かい所に移住したくなり、南の暖かい気候のところに引っ越せば、今度は雪が降るくらい涼しいところが恋しくなる。

仮に「旅」を、この手の「変化」の一種であると捉えるなら、場所を移動し続けることがもたらす心境のあり様と、ひとつ所に定住することによる心境のあり様との間の「変化」は、変化の度合いとしては、旅の最中に感じる移動がもたらす心境の変化よりも、より根源的な変化になるのではないだろうか？

移動し続けることが日常生活になってしまえば、たまには特に気に入ったところに長居したくなるのが人情というもので、だから当時の旅人の間では、ひとつところに留まる「沈没」という現象がよく見られたのかもしれない（これも今にして思えば、だが）。

では僕が旅に求めていたのは、単に新しい刺激や変化だったんだろうか？　旅に慣れたから今度は金村氏が初めたある種の定住方法や、千葉さんがやっているような隠居生活が新鮮に感じるということなんだろうか？

河の向こうに魅力的な対岸の姿が見えるとして、実際にその河を渡って「彼岸」にたどり着いてみると、その彼岸側からは、かつて自分がいた側の川岸が彼岸となって見えてくる。いま渡ってたどり着いたばかりの彼岸は、自分がいることにより「此岸」になってしまっていて、それでまたしばらくしてその滞在に飽きたら、今度は逆に自分が元いた反対側の岸に渡ってみたくなる、ということなのだろうか。つまりは結局、そんなことの繰り返しが旅だったり人生だったりするんだろうか？

いや、これまで書いてきたとおり、旅には単なる刺激や非日常性で片付けられない何かがあった。

きっかけとしては、普段の日常とは違う「刺激」があったかもしれないが、文化の違いを意識してからは、その刺激をきっかけに、自分の物の見方そのものが変わっていくのを感じることができた。

そしてそれは、どちらか一方の見方から、もう一方の見方へ変化する、という問題ではなかった。たとえば日本文化を背景としたものの見方から、インド的世界観がもたらすそれへと変化したのでもなければ、タイや東南アジア、その他欧州文化のどれかに影響を受けたということでもなかった。

文化と環境の違いが元になった内的条件付けによる境界を越えることについてはすでに書いた。しかし、僕が見出したいと思った「現実」と直接向き合うためには、そのような文化や社会通念とか呼ばれるものが作り出す「境界」よりも、もっと根源的な境界として「観念」そのものが作り出すこの「相対的二元性」の壁のほうがより大きな境界であるように思えたのだ。

それがどういう壁なのかは、思考実験と楽園生活の結末に従って次節で明らかにしていく。

3　楽園のその後

ちょっとした思考実験その③――「有」と「無」は同じ意味に帰する

前節の思考実験の続きとして、まず「有」と「無」の意味するところについて書いてみたいと思う。「そんな簡単な言葉の意味なんて、わざわざ書いてもらう必要なんてないよ」という意見が大半だろうとは思うが、普段、日常的に当たり前に使っている基本的な言葉の概念であればこそ、その本当の意味を探っていくのは案外難しい。

たとえば僕が突然「無い」と言い出したら、それを聞いた人はどう思うだろうか？　普通は「え、無い？　無いって何が無いの？」と聞き返してくるだろう。中には「うん、うん、お金が無いんだね。分かるよ」と言ってくれる親切な人もいるかもしれない。

しかし、僕が何も指し示さず、ただ「無い」とだけ言い続けたら、ほとんどの人は混乱するか、僕のことを気がふれたと思うんじゃないだろうか。

これは「有る」という言葉に関しても同様で、普通は具体的に何が有るのかを指定しないと、この言葉は意味を成さない。

たとえば机の上に鉛筆があって、それが「有る」という場合なら話は簡単だ。ほとんどの人が「有る」という言葉の本来の意味に沿って、具体的な鉛筆のイメージを思い浮かべることができるだろう。

そして、実はこれは「無い」という言葉に関してもまったく同じなのだ。「無い」という場合、普通は何が無いかを指定する必要があり、それが証拠に、先の鉛筆を例にすると「机の上にあったはずの鉛筆が無い」とでも言えば、ほとんどの人は納得してくれるはずである。

これを元に、「有」と「無」についてよく考えてみると、鉛筆が「有る」といっても「無い」といっても、一見まったく正反対のことを言っているように見えて、両方ともその限定されたものに関する存在状態の変化を指し示しているだけで、結局はその対象の存在を前提としている、という点では同じ意味の言葉だということが分かるわけだ。

一本の棒があって、その一方の先端には「有」があり、もう一方の反対の先端には「無」という言葉がある、といえば分かりやすいだろうか？

ではその「有」「無」の両者をつなぐ、その一本の棒とは何かと問えば、それは当然、先の例の通り「限定」ということになるはずである。こう考えてみると、世間一般で思われているイメージと違って「有」と「無」は、実は「限定」に関する状態変化のうち、それぞれの極端を示すという点においては違うが、その本質はまったく同じ意味の言葉なのだということが分かる。

　僕らは普段「無い」という言葉が出てくると、限定された何かの「有」の反対の状態を思い浮かべてしまう。それがどのような限定であるかというのは、説明される文脈によって、あるいはそれを読み解く人によって、あるいはその時代、文化によって違ってくるとは思う。しかし「無い」と表現されてしまうと、その無い対象が何であるかを、ほとんど自動的に、つまりは無意識のうちに限定して、その限定された何かが「無い」と考えてしまうのだ。

　では通常の意味における「有」と「無」をいったん離れて、その両者を生み出す大元の「限定」そのものを外してしまったら、そのあとにはいったい何が残るだろうか?

　この場合、言語上「限定が無い」と表現することは出来る。出来ることは出来るが、しかし、具体的に何かを「無い」と表現する場合と違って、実は普段使いの日常会話で使っているような「無」という言葉とはまったく違った意味が出てくるということに気が付かないだろうか?

　限定された何かが「無い」のではなく、そもそも「有る」という状態であるか、それとも「無い」という状態なのかを決定せしむる当体である「限定」そのものが、その最初の段階から「無い」ということを表現しているからだ。

　こう書くと「いや、今お前はちゃんと、限定が無いと言ったじゃないか。無い対象を〈限定〉としてるじゃないか」と反論されそうだ。しかしこれが言葉というものの難しいところで「限定が無い」ということがどういう事態なのか、それを言語的にいくら表現出来たとしても、

Travel photo gallery 6

Paradise Island Phangan

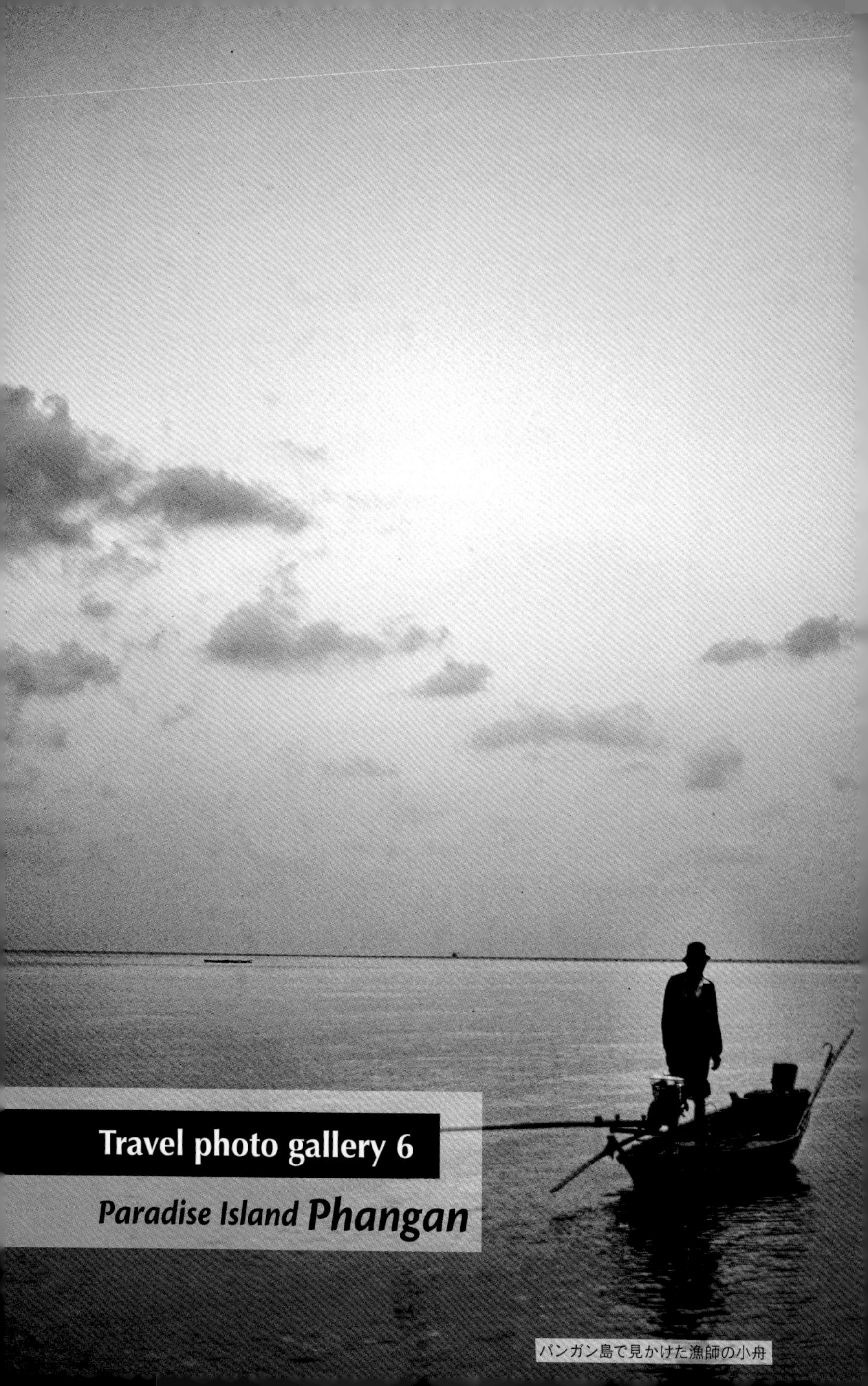

パンガン島で見かけた漁師の小舟

バンガロー手前の遠浅ビーチで

地元のバイクが通るのを待ち構えて撮影

船着き場方面からハドリンへ向かう途中、高台から

まるで原始の島。あまり知られていない撮影スポット

ハンモックで揺られる子供

夕暮れどきの光景。一番好きな時間帯かもしれない

珍しく三脚を使って長時間露光して撮ってみた夜景

人の頭の中で実際にその表現の対象として何かを思い浮かべることが出来るかというと、原理的に絶対に無理であることは明白だろう。

人が観念として頭の中で思い浮かべることが出来るあらゆる事象は、結局のところ何らかの「限定」が元になっている。もちろん、完全完璧に定義された「限定」ばかりではないだろう。しかし、いかにあいまいであろうと、そもそも何らかの限定、あるいは輪郭、もしくは何らかの濃度の差がないもの、他との違いがないものを、僕らは観念として心の中に思い浮かべることが出来ない。

つまり「限定」を外すということは、言語を言語たらしめているその根本原理ともいうべき、対象化による限定作用そのものを外せと言っているに等しく、本当ならその状態が何を意味しているのか、具体的に思い浮かべること自体が不可能なはずなのである。

少なくともその限定が外れた状態を観念で思い浮かべることは絶対に無理なので、本来なら単純に通常の言語空間で使用している「有」の反対側にある「無」と同列に扱うことができないはずなのだ。

僕は当初、ずっとこの「限定」という言葉を使って、この問題に向き合ってきたが、唯識論に興味が出てきて調べていくうち、僕が「限定」という言葉で捉えてきたことが、仏教の中では「分別」という言葉で表現されている、ということに気が付いた。

前節の〈「空即是色」は間違っている?・〉で、僕は「「空」を観念として実体視する」ことで虚無主義に陥る、という趣旨のことを書いた。少々わかりづらかったと思うが、この場合、虚無主義に陥る人とは、通常の意味の「無」を「何らかの限定」であると見ぬけず、その「限定された何か」を不在の形で実体視し続ける人のことを指している。

見てきたように「無」という言葉は、何らかの限定があって、その限定された何かが不在であるという状態を意味する言葉だから、誰かが仮に虚無主義に陥っているなら、その人の心の中には、その「限定された何か」が不在の形で実在し続けていることになる。

つまり、プラスの形で存在（何かの現存）しようと、その反対のマイナスの形で存在（何かの不在）しようと、その対象の「限定（としての何か）」はその人の心の中に変わらず存在し続ける、ということになるのだ。

言い換えると、何かの限定の不在を意味する「無」と、限定そのものを外した場合の「無」は一見同じ「無」であるように見えるかもしれないが、意味する状態はまったく違うのである。

子供のころ、理科の授業とかで、太陽光を三角プリズムを通して虹色に分ける実験をしたことがあるという人も多いと思う。その実験を例に説明すると、虹色に分かれた光の状態、赤・オレンジ・黄・黄緑……と七色に分かれたスペクトルを、通常の分別（限定）された色がある状態とすると、通常の「無」では「赤色が無い」とか「黄色が無い」という具合に、分別（限定）された対象の特定色の不在を意味するが、その分別（限定）自体を最初から外した状態の「無」とは、プリズムを通る前の白い光（太陽光）の状態ということになるだろう。

これは実験を例にとった例えだから、それなりに理解しやすいと思うが、実際には自分の心の中にある、限定（分別）を生み出す心的機構を外してみる、なんてことは簡単にできそうもない。

ということで、僕が昔、この問題に向き合っていてどうしてもわからなかったのが、この限定（分別）を外した状態が具体的には何を意味するのか、ということだったのだ。

それは単純に何も無い、という虚無主義を意味しないし、じゃあ逆に最後に何かが残るのかというと、その後に残った何かが簡単に分かるようなら、あるいは単に何かの不在を意味するなら、その時点でそれは「限定」されたもの、ということになってしまって前提と矛盾してしまうからだ。

靴ひも理論

パンガン島のビーチを散策しながら、僕はこの問題に向き合っていたことを思い出す。実はこの当時、僕はこの問題をひそかに「靴ひも理論」と呼んでいた。

パンガン島のようなところに来ると、誰でもある種の解放感を感じることができる。しかし、その解放感というのは、普段、靴のひもをきつく縛って窮屈な思いをしている人が、そのひもを外すときに感じるようなものじゃないかと感じていたからだ。

一般にリゾート滞在には、日常生活の様々な束縛、圧迫感から解放されるがゆえの解放感があると思う。また、それとは逆に、長旅に疲れてほっと一息つく沈没地として、疑似的な日常生活に戻るがゆえの解放感というのもある。

僕の場合、最初の旅を終えて日本に戻り、仕事を始めたときにも解放感があった。だが仕事ばかりを長く続けていると、今度は仕事が束縛に感じられ、何もかも放り出してまた旅に出たくなったりする。

前説でも書いた通り、長旅を続けていると、刺激はあるが、その強い刺激自体が緊張に感じられたり、疲れてしまって移動を休んでパンガン島のようなところに「沈没」したくなることがある。そんな風に落ち着くことのなかにも、日常に戻るときのような解放感を感じることができるわけだ。

日常生活であれ、旅であれ、どちらをとっても、反対のものから解放されるがゆえの解放感を感じる、という点に変わりはない。ということは、この解放感は、それを感じるためには何らかの反対状態が前提として必要だということになってしまう。そして両者は、状況によってそれぞれ束縛になったり解放になったりする。

つまり、この問題の根底には「有」と「無」の問題のように、観念そのものが作り出す「相対的二元性」がありそうなのだが、僕はその二元性の先にあるものが何であるかが分からず、どうやってこの壁を打ち破ればいいのかを探っていたわけだ。

もっとも、この当時はまだ、この「束縛」と「解放」の本質を、前述の「有」と「無」のように対比させて正確に理解していたわけではない。「有」と「無」が同じものであるのと同様、「束縛」と「解放」も同じものであるという理解が得られたのは、そしてその先に「限定」を外すことによる本当の意味での、もうひとつの「解放」があるのだろうということ、そしてそれがいわゆる真の「幸福」の意味でもあるということに気が付くのは、もう少し後のことになる。

そしてこの理解は、「旅」という言葉にも、通常の移動の延長のような「旅」と、移動も定住も両方内包するような、より本質的な「旅」というものとの違いがあることを示唆している。

最近のことはよく知らないが、当時のパンガン島には、やっと電気が着き始めた原初の村みたいな素朴さがあった。

同じバンガローに滞在していると、三日、いや二日もあればやることがなくなってくる。あとは千葉さんの船に乗って釣りに出るか、サオとバトミントンやカードゲームをやるくらいだ。もちろん、それはそれで楽しかったが、前にも書いた通り、その楽しさは僕が最初の旅で感じたものとは違ったものだった。

僕にとってパンガン島の滞在は、最初は取材旅であったはずだが、いつの間にかある種の「日常」のようにもなっていた。日常だから退屈だったかというとそうではなかったが、一応は旅の一部なのだから、目を見開くような驚きに満ちた発見があったかというと、そういうわけでもなかった。

たとえばバンガローと船着き場との間に、村のおばちゃんがやってるような小さな屋台（といっても移動しないが）があって、そこで外食するのもささやかな楽しみになっていた。

日本の都市部みたいに数えきれないほど外食の選択肢があるわけでもなく、二四時間オープンのコンビニがあるわけでもない。

バンガローのメニューはどれも外国人向けにアレンジされていて、それはそれで不味くはなかったが、屋台のクイッティオ（ベトナムのフォーのような米粉麺）や、もち米と焼き鳥みたいな素朴な地元民向けの料理は、毎日食べても飽きがこないという意味で、僕にとっては特別な料理になっていた。

宿ではバケツを借りて自分で洗濯したりもしていた。ほかにやることがないから、意外にそんな小さな日常行為もちょっとした楽しみになっていた。

南の島ということで自然環境や気候は日本とは違ったし、仕事（取材）もしてるのかしてないのかよくわからないというか、まあ、何もしてなかったが、そこでは旅をしているというより、何もない日常をのんびり過ごしている感のほうが強かったのだ。

あれこれ思い煩うことを離れて、実際に手を動かしてすごす「日常」は、心理療法でいうところの森田療法のような癒し効果があったのかもしれない。

この当時の状況を思い返すと、いつも一緒に思い出すちょっとした小話がある。有名な小話なので知っている人も多いと思うが、改めて紹介しておこう。

とある米国の投資家（億万長者）が、メキシコの小さな漁村を訪れた。その漁村で漁を終えたばかりの漁師の船をのぞいて見ると、なかなか活きのいい魚がたくさん獲れていた。

「いい魚ですね。これだけ獲るのにどのくらいの時間がかかりますか？」と投資家が声をかけた。

「まあ、これくらいなら三～四時間もあれば獲れるさ」と漁師が答えた。

「でもまだ日が高いし、もうちょっと漁を続けるんですよね？」と投資家が続けて質問した。

「いや、家に戻って家族とのんびり過ごすよ。妻と寝ころびながらシエスタを楽しみ、午後にはギターでも弾きながら子供と戯れたり、夕暮れを眺めながらワインを飲んだり。まあ、あとは寝るだけだね」と答える漁師。

しかし、それを聞いた投資家は急にまじめな顔になって漁師にアドバイスをはじめた。

「もったいない！　もっと漁をすれば、もっと多くの金が手に入り、大きな船が買えるでしょう。そうなれば人を雇って、もっと大きな利益がでるのに！」

漁師はそれを聞いて肩をすくめた。

「家族で食べていくにはこれで十分なんで。第一、そんなにカネ儲けしてどうするんです？」

投資家はあきれるようにアドバイスを続けた。「いいですか。その金を元手に、次は都市部のレストランを顧客にして直接魚を卸すんです。そうすれば利益率も高くなってさらに大きな利益が出る。そうしたら、この小さな村から出て、その後はニューヨークに行って漁業会社を立ち上げるんですよ」

「ふーん、で、そのあとはどうするんです？」と漁師。

「もちろん、その企業をＩＰＯ（新規株式公開）させて巨万の富を手に入れるんですよ！」

どうだ、というように勝ち誇った笑みを浮かべて投資家が答えた。

「億万長者か。でも、そうなったらどんな良いことがあるんです？」

と漁師は最後まで納得しようとしない。

「もちろん、そうなれば悠々とリタイヤできるでしょう？　海辺の町のビーチで家族とのんびりシエスタを楽しみ、ギターでも弾きながら子供と戯れ、ワインを傾けながら妻と会話を楽しんだり、のんびりした生活を送れますよ！」

それを聞いた漁師はこう答えた。

「それなら今の生活と変わらないな！」

千葉さんが過ごしたパンガン島でのセミリタイア生活は、漁師が過ごした日常的なものだったのだろうか？　それとも米国の投資家が富を手に入れた後に過ごすべきとした、贅沢な引退生活だったのだろうか？

僕はまだ若かったし、リタイアしにパンガン島を訪れたわけではなかった。この地上のどこかに楽園があるとは思っていなかったし、そのような楽園を探していたわけでもなく、いくらパンガン島がすばらしい場所だといっても、そこが楽園だとまでは思っていなかった。

では千葉さんにとってのパンガン島生活はどうだったろうか？

正直にいうと、僕の目には漁師の日常と投資家のリタイヤ生活の両方の立場が混在していたように見えた。

余談だが、最近は若い人の間で「ＦＩＲＥ《ファイア》（Financial Independence, Retire Early）」といって、ある程度のお金をためて、その資金を元手に早期リタイアすることが一種のブームになっているのだそうだ。

ＦＩＲＥでは年間支出の二五倍の資産を蓄え、その資産を株式などに投資し、あとの後半生は、その運用益で生活していくことを目指すのだという。

その場合、たとえば年収四〇〇万円の人だと、半分を年間支出にまわしていたとして、ＦＩＲＥ実現に必要な資産は五〇〇〇万円になる。

運用益は投資額の年間四パーセントが目安だそうで、五〇〇〇万円の投資なら運用益はちょうど最初の年間支出と同じ二〇〇万円になるという計算だ。

振り返ってみると、千葉さんは時代に先駆けていち早くＦＩＲＥ的なことを実践していたわけで、投資家（というのも変だが）としての側面もあった。

もしかしたら金村氏がタイに投資して、その事業で生活したいというようなことを言っていたのも、千葉さんの影響が多少なりともあったのかもしれない。

いや、その後、日本と東南アジアの経済格差を利用して「外こもり」を始めたのも、金村氏なりのＦＩＲＥ術で、金村氏もそれなりに時代に先駆けていたのかもしれない。

漁師の日常のように、千葉さんは好きな釣りができる毎日を堪能していた。一方で、千葉さんには投資家がリタイヤしたときのような野心家の側面もあったように思う。

千葉さんは、若いときに公務員になったものの、すぐに人間がダメになる、といって欧州まで旅して自分の可能性を探した人である。

僕にはその千葉さんが、単純にのんびり隠居することが人生の幸福と思っていたとは思えなかった。千葉さんに、何か島で釣りをしてのんびり過ごす以外の、人生の目的のようなものが他にあったのかどうかまでは知らない。

しかし、もし、そういう事がなかったとしたら、千葉さんは内心、そろそろ島に引きこもったリタイヤ生活に不満を持ち始めていたのではないだろうか？

インドで仏教を普及させようとした八木上人の話をしてくれたときに（〈楽園でのセミ・リタイア生活〉参照）、本当はそのような生き方にあこがれているような感じがしたからだ。

それぞれの楽園とその結末

ところで、パンガン島にはもう一人、漁師タイプでもなく投資家タイプでもない、もうひとつのタイプの日常を過ごす日本人の旅人がいた。前節（「金村氏との出会い」）で、同業者のF氏の主催する飲み会で再会したことがあると書いたH氏だ。

金村氏と初めてパンガン島を訪れた翌年だったか、今度は一人で島を再訪したときにパンガン島でH氏とまたまた再会する機会があったのだ。

実はH氏には、その昔、バックパッカーとしてパンガン島を訪れた際に付き合うようになった島の女の子がいて、ちょうどこの頃、その娘とついに子供ができて結婚したというのだった。「女の子」と書いたが、実際、その娘はH氏が結婚した当時、たしかまだ一〇代後半くらいだった。一方、H氏は三〇台半ばくらいだったはずだから、年の差は少なくとも一五才は開いていたはずだ。

僕がそのことを知ったのはまだ日本にいたときで、何かの機会（確かまたF氏の飲み会）でパンガン島の千葉さんの話をすると、H氏も千葉さんを知っていて、僕がまた島を再訪するつもりだと言うと、H氏もその時期は島にいるから現地で会おう、ということになったのである。H氏はパンガン島に常住していたわけではないが、島にいるときはその妻の実家で過ごしていた。

もちろん、その飲み会で結婚報告がされたときは、旅仲間から、やれ「犯罪者」だの「変態」だの「ロリコン」だのと、暖かい祝福の言葉がかけられたのは言うまでもない。

旅をしていると、ときどき本当に世間一般の常識からは考えられない生き方をしている人に出会うことがある。

いまでこそFIREで早期リタイアを目指すのは珍しくないのかも知れないが、九〇年代後半で実際にセミリタイアした千葉さんも、必要最低限の労働だけして、残りの時間を海外で過ごすという「外こもり」をはじめた金村氏の生き方も、それぞれ十分にユニークな生き方だったといえるだろう。

H氏のように海外で、それもパンガン島のような田舎の島で現地の女の子とできちゃった婚をするのは、さすがに今でも眉をひそめる人が多いのかもしれないが、二〇〇〇年代に入ると、そういう事例は社会現象的ニュースになった記憶があるから、H氏の生き方も時代に先駆けていたのかもしれない。

やはり、旅を通して文化的条件付けによる洗脳が解けると、発想が柔軟になるということなのかもしれない。

だが僕がここで本当に書きたいのは、そのように既存のレールを外れたり、束縛を離れたりして解放されることが本当の幸福なのか？　ということだ。もちろん、ここでいう解放とは、通常の二元的相対性を元にした束縛からの解放のことを指している。

僕としては、パンガン島の生活は楽しかったが、前述した「靴ひも理論」によれば、それは日本での束縛的生活なりが前提にあって、旅であるか日常であるかはともかく、それから解放されたことによる一時的なものに過ぎなかった。

明らかに、通常の意味での解放は、何か人生の目的地のようなものではなく、目指すべき彼岸でもなかった。

なるほど「解放されている状態」というのは、よりよく生きるうえでの前提条件ではあるかも知れない。ＦＩＲＥ的な生き方は、人生の目的地が休息の側にあるなら合理的だし、そもそも、のんびりした時間を持てないほど働かなくてはいけない人生が良い人生とも思わない。自分もできれば経済的自立のもとに、好きなときに休息できるＦＩＲＥ的リタイヤ生活にあやかりたいとは思う。

しかし問題は、解放されて自由になったとして、さて、そのあとをどう生きるべきかということで、そこにこそ真に人生の問題があるように思えたのだ。

旅でも海外生活でも、それが日常生活的になって退屈や束縛を感じるようになれば、その反対の通常の社会生活が恋しくなるのは目に見えているわけで、輪廻にも似たこの往復運動を脱することができるような、相対的ではない、本当の意味での「解放」による幸福を感じることのできる「理解」を、僕は探していたのだ。

僕がこの相対的二元性というか、ものごとを対立的に見る見方の根本的な間違いに気が付いたきっかけは、あるとき「集中力」の強化について試行錯誤していたときだった。

僕らは普段、何気なく「集中力」という言葉を使っていて、例によって例のごとく、その意味するところをあまり深く探ろうとはしない。「集中力」なんて、どう見ても深く考えるほどの難しい言葉ではないし、そこに珍重すべき特別な概念があるようにも思えないからだ。

僕が最初にこの言葉に目を向けたのも、それほど深い意図があってのことだったわけではない。

しかし、あるとき、僕らが普段「集中力」として認識しているこの能力は、実際には実在しないのものなのではないか、ということに気が付いた。

いや、もっと正確に言うと「集中力」と呼ばれる能力は存在していることはしているが、それは本来なら「集中力」という名の下に呼ばれるべきではなく、まったく違う名で呼ぶべき能力ではないのか、と気が付いたのだ。

なぜ僕は、その能力が名前通りには実在しないと思ったのか？　仮にそのとおりだとして、そのことのどこが問題なのか？

実はこのことを理解することが、そのまま相対的二元性を突破することのヒントになるのだが、長くなりそうなのですべての謎は最終章で説明することにする。

なお、このままだとあまりにも不親切な気もするので、ちょっとだけヒントを書いておくと、僕らが普段「集中力」という名の下に呼んでいるこの能力は、正確には「排除力」と呼ぶべきものである、とだけ書いておこう。こう書いておけば、特に説明しなくても、分かる人には分かるように思う。

さて、旅の話を続けると、H氏はバンコクにいる間に教室に通ってタイ語の勉強をしていたし、日本で仕事をして稼いだ金を、島の妻の実家に入れたりして、将来的にはパンガン島でなにか店を持つとか、事業でも起こそうという希望をもっていた。

ところがその何年か後にパンガン島を再々訪したときには、島にH氏のいる形跡はなくなっていた。

妻とその家族から突然、離婚を突きつけられたのである。

「H氏の元奥さんなら、こないだ山の方のお寺で掃き掃除してるのを見たなぁ」

千葉さんはそう言って離婚の事情をちょっとだけ説明してくれた。

なんでもH氏の元奥さんはS氏がいない間に地元の若い男と不倫をしていたらしい。しかしそれですぐ離婚に至ったとか、その若い男と再婚したとかいうわけでもないらしく、H氏の元妻は、自分の業を反省して、今はお寺で謹慎しているらしいということだった。

その浮気が離婚の直接の原因というわけでもないようだったが、詳しいことはそれ以上聞かなかったのでよく分からない。

H氏は決して裕福ではないが、それなりにちゃんと仕送りしていたし、まじめにパンガン島での定住生活を夢見ていたようだったので、先方からの突然の離婚要求という、ちょっと理不尽で意外な幕引きには驚かされた。

九〇年代も最後半になると、金村氏の姿も島で見かけることはなくなってきた。彼が世に出るきっかけになった「ジミーくんバスマップ」が売れるようになり、雑誌とかにも寄稿するようにもなって、すっかりパンガン島から足が遠のいているということだった。

「金村氏は相変わらず女の子に声かけてるみたいだね」

千葉さんがふと、そんなことを言ったことがある。

金村氏のその当時の近況は、人づてに千葉さんにも伝わっていたようで、僕が一度だけバンコクで再会したときは、すっかり有名人になっていて、常宿のテラスハウスには、バスマップの評判を聞きつけた学生さんたちが情報とアドバイスを求めてひっきりなしに会いに来るような状態になっていた。

もっとも、会いにくる学生さんが若くてかわいい女子なら親切に対応するが、男子学生だとけんもほろろの対応をするみたいで評判は芳しくなかった。僕も実際にその現場を一度だけ見かけたことがあったが、思わず「あんな対応して大丈夫？」と心配になって聞いたことがあったくらいだ。

「そうみたいですね。でも女の子誘って、うまく行くことあるんですかね？」

僕がそう答えると、

「うまく行くことなんてあるわけないだろう。ここに来たときだって、あいつ、星空見せながらあれが南十字星、とかやってたけど、振られてたし。相変わらずだよ」

と千葉さんはそう言ってカッカッっと笑っていた。

千葉さんのように昔から金村氏を知っている身からすれば、あいつは子供みたいな無邪気なところがあるから仕方がないな〜という感じで、遠くから生暖かく見守っている感覚だったのだと思う。

僕もそれほど頻繁にパンガン島を訪れていたわけではなかったが、取材でアジア方面に出かける用事がある場合は、時間が許す限り島を訪れるようにしていた。

そんなこんなで、二〇〇〇年代に入ってから久しぶりに島を訪れたときのことだ。

いつものようにフェリーを降りてバンガローを目指す途中、滞在中の昼食をいつもお世話になっていた屋台の前を通り過ぎようとすると、目ざとく僕を見つけたその屋台のおばちゃんが何やら声を掛けてきた。

「チバサン、○×△！」

この屋台は地元向けの店だったこともあり、おばちゃんは英語ができない。後半、何を言っているのかよく分からなかったが、手振りでバンガローのほうをさしていたので、何か千葉さんのことを伝えようとしているということだけは分かった。千葉さんの身に何かあったらしかった。

何があったのかは分からなかったが、なんとなく胸騒ぎがして歩を早めた。このときの訪問は確か二〇〇三年で、前回の訪問から二年近く経っていたと思う。具体的にどこがどう変わったか、すぐには分からなかったが、宿の様子になんとなく違和感を感じた。

たどり着いてみると、僕を迎えてくれたのはスースーだった。いつもだったらすぐに姿を現すサオを見かけないことにも気が付いたが、とりあえず空いている部屋を打診して千葉さんのことをたずねた。

「千葉さんは居る？」

僕が真っ先にそうたずねると、衝撃の答えが返ってきた。

「チバサン、デッド」

「……えっ！」

このときスースーは英語で確かに「デッド」という単語を使った。僕は自分の聞き間違いかと思ってその単語を何度か聞き返した。

死んだ？　どうして……。

スースーの説明によると、千葉さんは、さかのぼること一年くらい前（だったと思う）に、癌にかかって亡くなったのだという。

ショックだった。最後に会ったときはあんなに元気だったのに。いや、待てよ、そう言えば最後に会ったとき、千葉さんは首の根元あたりに腫瘍ができてたっけ。そうだ、前回の帰り間際、その腫瘍を「癌だよ」と千葉さんは冗談ぽく言っていた。じゃあ、あれは冗談ではなかったのか！

僕はそのとき、本当に癌なら病院に行くだろうと思っていて、てっきり、まだしっかりした診断が出ていないのかと思っていた。とりあえず病院に行くように言って帰国したが、このときになって、やっとその記憶がよみがえってきた。

なんであのきと、もっと心配してあげなかったのか。後悔の念が胸を突いた。

千葉さんが住んでいた小屋を訪れると、そこには生前に使っていたものは何もなくなっていて、廃墟のように空っぽになっていた。

バンガローの様子は確かに以前とは違っていた。それは千葉さんの不在のせいだけではなく、よく見ると一部、新しいマッサージ専用の小屋ができていたり、設備が微妙に変わっていたことも原因だった。

そして何より、いつも明るい笑顔で迎えてくれたサオの存在も無かった。

「サオは?」

スースーに訊くと、はっきりした事情は濁す感じで、ここを出て行って今は別の店で働いている、としか答えなかった。

このとき、バンガローにはたしか、かなり年配の西洋人男性と、同じく西洋人の中年女性、子連れのカップルと、年配の日本人男性が一人泊まっていた。

いつも見かける欧州からの常連たちの姿もなかった。そのほとんどは明らかにサオ目当てだったので、サオが居ないならここに泊まる理由もないということらしかった。

ちょっと呆然自失ぎみにバンガロー内を散策してみたが、千葉さんもサオもいないとなると、僕も特にここでやることがないことに気が付いた。

年配の日本人は、それまで見かけたことの無い人だったが、しんみりとハンモックに揺られている様子に、もしかしてと思い声をかけてみた。

案の定、その人は千葉さんの生前の友人で、名前は聞き忘れたが、千葉さんを弔う目的でここに来ていた人だった。

その人の案内で、僕は千葉さんの墓参りをした。

千葉さんが亡くなると、そのまま島の住民はタイ仏教式の葬儀をあげてくれ、寺の一角にお墓も造ってくれたのだという。

千葉さんのお墓。日本のように墓石があるのでも、西洋のように十字架が立っているのでもないが、ちょっとおどろおどろしい雰囲気は万国共通で、言われてみれば確かにお墓と分かる佇まいだった。誰かが供えた花はまだ新鮮だった。遺影として置かれていた小さなパスポート写真と、ポツンと置かれた缶ビールが印象に残っている

観光客はあまり訪れない島民の居住地のほうにあるお寺で、バンガローからたしかバイクで二〇分程度のところだったと思う。そこには日本のように墓石が立てられているわけではなかったが、確かに千葉さんの生前の小さいパスポート用の写真が、遺影代わりに置かれていた。

このとき案内してくれたその千葉さんの友人とは、どんな話をしたかほとんど覚えていない。普通なら、生前はどういう付き合いでしたかとか、パンガン島にはよく来るんですか、とか社交辞令的な会話があるものだが、このときはそれさえなかったと思う。

よく、急な訃報に実感がわかない、ということことを言う人がいるが、このときもまさにそんな感じで、その墓前の遺影（といっても小さなパスポート写真だが）を見ていても、ショックはあったが、千葉さんが居なくなったという実感はわかなかった。

千葉さんの不在は、不在の形でたしかに僕の心の中に残っていたからだ。自分でも無意識のうちに、千葉さんの墓前で、その不在の臨在という感触を確かめようとしていたのかもしれない。

サオの居場所を探すと、町の中心から少し離れたところにあるブティックのような店にいることが分かった。

サオがその店のオーナーなのかということまではよく確かめなかったが、以前、よくバンガローに顔を見せていた北欧出身の男と一緒だった。結婚したわけではないとも言っていたが、事実婚のようで、一緒にその店を運営しているようだった。

サオがなぜバンガローを出たのか、その事情は意外なものだった。サオとスースーは、長年一緒にムーンライトバンガローを運営してきたはずだったが、あるとき、スースーは契約上は自分がオーナーであると主張して、サオの権利を認めなかったのだという。

そういえば、スースーはマッサージ小屋を新たに作っていたし、千葉さんロスでしんみりしている僕におかまいなしに、設計図を広げて将来バンガローを大きく近代的なものに改築していく計画も語っていた。ということは、その将来計画からサオは外されたということなのか。二人の間に何があったのか、本当のところは分からない。しかしあんなに仲がいいと思っていた二人がこんな形で別の道を歩むようになっていたとは意外だった。

無常は世の常とはいえ、こんなにも急に周りの人の人生がめまぐるしく変わっていくのを見せつけられると、悲しいという以前に、自分だけが時の流れに取り残されているようにも感じられて、それが妙に空しかった。

宿に戻って冷静に考えてみると、千葉さんは自分が癌であることを知っていたはずであることにあらためて気が付いた。サオやスースーももちろん、周りのタイ人たちも知っていたはずだ。それをなんで治療しようとしないでそのまま放置したのだろう。

千葉さんは妙に迷信深いところもあったから、そもそも病気に抗う気がなかったのか、あるいは自害するつもりでそのまま放置していたのか。世界中旅をして、やるべきこと、やりたいことはすべてやったので、この世での満足が空しいことを悟って彼岸を目指すつもりだったのか。

今となっては真相は分からないが、もしもそうなら、僕は千葉さんに生きることを諦めるべきではない、と言いたかった。今なら、彼岸は「生」の向こう側にあるわけではない、と付け加えることもできただろう。

その夜、なんとなく同じ宿に泊まるもの同士、そして生前の千葉さんを知るもの同士、千葉さんの友人と杯を酌み交わした。しかし、そこでも沈黙のほうが雄弁だった。あんなにしんみりした晩酌は記憶にない。

沈黙の間奏を背景に、僕はただ、自分の中でひとつの時代の幕がゆっくりと降りていくのを感じていた。

最後にパンガン島を訪れてから、もう二〇年近くが経とうとしている。二〇〇四年にカオサン近くのテラスハウスが閉鎖して、そこを常宿としていた金村氏とも会う機会がなくなっていった。

風の噂に、カオサンから離れたアパートを借りて相変わらず日本とタイを行き来していると聞いていたが、あるときから日本に住む母の看病のため、タイでの外こもりを卒業して日本で暮らしているとも聞いた。

しかし二〇一六年、ふと見たネットニュースでその突然の訃報を知った。急性骨髄性白血病だったという。享年五四歳、まだ十分若かった。その生き様には毀誉褒貶あったようだが、根は純朴でいいヤツだった。彼の魂の安らかならんことを祈りたい。

H氏は妻との離婚後、南インドを訪れ、ラマナ・マハリシ（マハルシとも表記）という聖者の教えに傾倒していったようだ。彼はまだ存命のようなので、そのうちまたどこかで会う機会があるだろう。

ベンガル地方のとある田舎の村にある祠と、それの上に絡まる樹。90年代半ばから頻繁に訪れるようになった小さな村で、その住人たちとの交流を通じて旅と人生についての理解が深まった

終章

旅とは観念からの解放である。
ではその後に残るものとは？

タイの「出家」と言葉の意味

あるとき、バンコクのアーティストプレイス（第Ⅱ章2〈コニーと安宿探し〉参照）に滞在していると、宿主のチャーリーが、親戚の若い男が「出家」するから、そのお祝いに出かけるつもりだ、一緒に来ないか？　と誘ってくれた。

「出家」というのは言うまでもなく、世俗を捨てて仏門に入ることを指している。

「出家？　どれくらい（の期間）出家するの？　それとも本当に僧侶に成るの？」

タイでの「出家」は多分に儀式的な意味合いが強く、仏教徒なら男性（女性は出家できない）は一定期間、通過儀礼のように、お寺で仏門生活を送る習慣になっていて、それを「出家」と呼んでいると聞いたことがあった。

中には当然、僧侶になるために二度と世俗に戻らないというケースもあるのだろうが、タイではほとんどの場合、短期間お寺に寄宿することで「出家」したことになるのだという。

「アイ・ドン・ノー！」

細かいことは気にしないチャーリーは、あまり詳しい説明はしないで、とにかくその出家式？　というのだろうか、お寺で儀式があるから急げ、と僕を急かして車に乗った。

タイの仏教寺院というのは、有名なエメラルド寺院をはじめ、どこも派手で金ぴかというか、外装も内装もきらびやかな装飾で知られる。

具体的にどの辺りのどういう寺院だったかというのは忘れたが、チャーリーの親戚が集まったその寺院も、そこそこ立派なお寺で、日本的な感覚からは宗教施設であることすら忘れかねない派手な内装で飾られていた。

儀式にはさまざまな決まりごとがあるらしく、まずは飾り傘を掲げた先導役を先頭に、チャーリーの親戚の子とその親類が列になってお寺の周りを何回か廻ったり、寺院内では、長老？らしき人を前に説話を聴いたりと、出家の儀が行われていった。

単なる観光ではめったに見られない光景ということで、写真を撮らせてもらいながらも、僕は内心、タイの仏教徒は、そもそもなぜみんな「出家」したがるのだろう？　いや、もっと根本的な疑問として、何をもってそれを「出家」と捉えているのだろう？　と不思議に思っていた。

ほんの数週間か数か月、寄宿生活みたいにお寺に「出家」してみたところで、また世俗に戻って以前と同じように仕事をするなら、それにいったい何の意味があるのだろうか、と。

多分、彼らの信じている経典の中に、出家の儀式なりについて書かれていて、その通りに頭を丸めたり、袈裟を着たり、お寺を廻ったりして「出家」をすると、そのこと自体に功徳があると信じられているのだろう。

こう書くと「いや、日本の大乗仏教だって、葬式仏教と揶揄されるくらい無意味な儀式儀礼ばっかりじゃないか」とか言われそうである。

いくら「タイの出家は単なる儀式で本来の意味での〈出家〉じゃない」と主張してみても、ちゃんと経典にそう書かれているじゃないか、日本の解釈のほうがおかしい、と言われてしまえば、最終的には文化の違いというか、宗派の違いということになってしまいそうにも思えた。

言葉と、その言葉が指し示す意味との齟齬はなぜ生じるのだろう?

言葉と、その言葉が指し示す意味が、必ず一対一の関係で対応しているなら、どんな齟齬も乖離も生じないように思える。

ところが実際には、ところ変われば品変わるで、違う文化圏の国では、同じ意味のはずの言葉が全く違う意味で使われていたり、ある意味を伝えるのに自国とはまったく違う言い回しが必要だったりする。

いや、同じ文化圏内でも時代が変わると意味が変わったり、そもそもまったく同じ文化圏で同じ時代であってさえ、その言葉を使うときの前後の文脈で意味が変わったりもする。これではさすがのウィトゲンシュタインも「言語ゲーム」と言い出さずにはいられなかったわけだ。

出家式の様子。まずはお寺の周りを、時計回りに３回ほど回る

寺の本堂で長老に挨拶するところ

僧侶の証である袈裟を受け取るところ

最後は皆で本堂の仏像に礼拝

「集中力」とは「排除力」

僕は前章で「集中力」という言葉の意味について途中まで書いた。

実はこの「集中力」という言葉と、それが指し示す実際の意味の関係を調べれば、これらの齟齬が生じる仕組みも同時に理解できるようになるのだ。

ということでそろそろ本題に入ろうと思う。

前章でも少しだけ説明したが、実はこの「集中力」という言葉、僕らが普段イメージする意味と、実際に指し示す内容がアベコベに反転している言葉で、本来なら「排除力」と呼ぶべき意味をもつ言葉になっている。

なぜ「集中力」が本当は「排除力」なのか？

たとえば今、仮に自分の部屋の中にいて、ふと現在時刻が気になったので、壁に掛けられている時計を見ようとするところだ、としよう。

そのとき、部屋全体を見るのではなく、その時計にだけ意識を集中するという場面を想定してみてほしい。この場合、実際には自分の意識に何が起きているだろうか？

時計に目をやって時刻を確認する間、部屋の中の他の部分、たとえば壁紙の模様とか、左側に置かれたソファーの様子とか、手前のテーブルとか（部屋によって違うだろうが）には意識が行き届かなくなっていないだろうか？

実際の集中の対象は、時計でなくても何でもいいのだが、特定の対象に注意を向けて集中すると、それ以外の部屋の様子は意識から除外されてしまわないだろうか？

こう書くと「そんなの当たり前だ。何かに集中すればそれ以外は視界に入らなくなる。それを世間一般では〈集中〉と呼ぶんだよ」と言われてしまいそうだ。

しかしそれは、何かの対象に意識を集中するとき、その操作を加えている方の意識が「自分」で、操作の対象になっている元の意識が「客体」となっている場合の説明方法ではないだろうか？

つまり、僕らは普段、特定の何かを分別し、対象として見るという見方にあまりにも慣れ親しんでいるため、その対象化という操作をしている意識を「自分」として感じているだけなのではないだろうか？

こんな風に説明しても「〈対象化という操作をしている意識〉って何だ？　言ってる意味がまったく分からない」という人がほとんどだと思うので、もう少し掘り下げて説明してみたい。たとえば先に書いた、何かに集中した状態を維持したまま、特定の一点だけでなく、その集中する範囲をもっと広くして、部屋全体に意識の集中状態を拡大させることは可能だろうか？

実は僕は最初、そんな風に時計に意識を集中したまま、その注意深さを部屋全体に拡大することができるんじゃないか、と単純に思っていた。

それこそ、最近のはやり言葉じゃないが「全集中」とでもいうべき状態になれば、つまり集中力を、おもいっきり高めるなり、強めるなりした状態になれば、時計に向けた意識の集中状態を拡大して、集中したまま部屋全体にまで意識を拡大することができるようになるんじゃないか、と思っていたのだ。

ところが当初の予想に反して、実際に試してみてもこれがうまくいかない。もちろん、普通の意味で集中力を高めることはできるのだが、いくら強く集中してみても、思い描いていたような「注意深さの拡大」は起きないのだ。

それどころかむしろ逆に、集中すればするほど、ますます意識する対象の範囲が狭まるか、意識の対象があっちこっちに揺れ動くかのどちらかなのである。

そういう試行錯誤をどの程度したのかとか、そのあたりはあいまいにしておくが、あるときふと、別の件での単純な理解がきっかけになって、この「意識を集中させる」操作と、集中する前の「元の意識」の構図についても理解できるようになり、ようやくこれまでの疑問が氷解したのだ。

ということで、よく観察してみてほしい。特定の対象を見ようと集中する前、目を開ければ特に何かを見ようとしなくても、もともと最初から部屋全体が見えていなかっただろうか？

特に見ようと集中しなくても、とりあえず目を開ければ、すべての部屋の情景は見えている。この、部屋のすべてが目に入っている状態から、特定の一部分に注意を集中すると、見えているはずの部屋全体がおぼろげになり、集中する対象物だけが明晰さをともなって意識に上がってくる、というプロセスになっているはずだ。

　ということはつまり、この最初の、目を開ければ自然とすべてが見えている状態を「元の意識」として、その元の意識から一部分を切り取り、切り取られたその一部以外を意識から排除する操作を、いわゆる「集中」と呼んでいるということになる。

　僕らは、もともと努力しなくても部屋全体が見えているのに、そのことはどこかに置き去りにして、その意識から特定の箇所を「部分」として切り取るという操作を日常的に行っているのだ。そしてその操作が、あまりにも日常的に頻繁に当たり前に行われるので、その操作者こそが「自分」であると感じるようになり、操作の対象となる「部屋全体が見えている〈元の意識〉」は、その操作の「客体」となってしまうのである。

　「部屋全体が見えている〈元の意識〉」に、ちょっとだけ小さな穴が空いた黒紙をかぶせてやる（マスキングする）と、穴が開いた部分だけがよく見えるようになり、黒紙で覆われた他の部分は見えなくなる、と説明すれば多少は理解しやすくなるだろうか？

　つまりこの、一部だけ穴の開いた黒紙でマスキングする操作、浮き立たせたい一部以外を見えないように排除する操作を、僕らは普段「集中」と呼んでいるのだ。だから実際には「集中力」とは、元の意識から一部分だけ切り抜こうとするマスキングであり、本来は「排除力」と呼ぶべきものなのである。

そして、これが「集中力」というものの正体だとすると、当然、集中力を高める行為とは、空いた穴を、今までよりさらに小さくするか、あるいは黒紙で覆う部分をより濃くしっかりとマスキングして、通常の元の意識が全く見えないように排除しようとする力を強めるか、そのどちらかの努力をすること、ということになる。

最近のニュースによると、スマホの画面に夢中になるあまり、自分が踏み切り内にいることに気がつかず、線路内に立ち止まったまま、通過する電車に轢かれてしまった、という事故があったのだそうだ。痛ましい事故だが、このような過度な集中は、常に「部分」に対するもので、全体に対する集中というのは原理的にできないのではないだろうか？

何かに集中するということは、必ずやそれ以外のものを〈元の意識〉から排除するということを意味し、集中力を高めれば高めるほど、ますます周囲への視界は狭くなってしまう。

僕は最初、集中力を高めることによって部屋の一部分から、部屋全体に対する注意深さを拡大させようと試みてみたわけだが、それは元々、ことの本質からしてどうやっても無理だったわけだ。

ここまで説明しても、いまいち「部屋全体が見えている〈元の意識〉」の意味が分からない、という人も多いと思うのでさらに別の角度からもう一度説明してみたい。

僕は第Ⅰ章〈言葉が指し示すもの〉で、全体性に属する言葉として「健康」という言葉を挙げた。そしてその言葉は、それ自体では意味を特定することが難しく、対義語の助けを借りないと容易に定義できない言葉である、と書いた。

より詳しくは、その章をもう一度読み返してもらうとして、「健康」は全体性に根ざした言葉で、その対義語の「病気」や「疾患」は、心身の特定の部分の不具合からなる言葉であるということで話を進めさせてもらう。

この前提をもとに、仮に誰かから「健康」な状態になるにはどうしたらいいか？　と問いかけられた場合、その問いに対する答えはどうなるだろう？

どうしたらも何も、まず最初に（遺伝的疾患でもなければ）人はみな健康な状態で生まれてくるので、自分の側では特になんの努力も必要なく、あえて言うなら、病気にならないように気をつけることで健康を保つ、と言うしかないのではないだろうか？

これに対して「病気」になるということは、何か心身のバランスを崩すとかで、その一部に不具合が生じていることを意味する。

つまり「健康」と「病気」の関係は「全体」とその「一部分（の欠落など）」の関係であり、これは先に説明した「部屋全体が見えている〈元の意識〉」と「特定の何かに集中した意識」との間にある関係と基本的な構図は同じなのだ。

誰かが病気になっていたとして、当たり前の話だが、その病気を治せば元の健康状態に戻るわけで、健康になるためには病気を治さなければならない、または、病気にならないように気をつけるようにしなければならない、ということになるだろう。

ということは、同じ構図をもつ「部屋全体が見えている〈元の意識〉」と「特定の何かに集中した意識」も、過度な「集中」のほうを外せば、もともとあった「部屋全体が見えている」状態に戻るという理屈になるのではないか？

僕は最初、集中力を高めれば、その注意深さがより深まって、集中状態が部屋全体に広がるんじゃないかと思っていた。ところがこの捉え方には構造的に無理があり、「主体」と「客体」、もしくは「原因」と「結果」が一八〇度アベコベにひっくり返った捉え方だったということになるわけだ。

だいたい「健康を取り戻せば病気が治る」とか「健康になる薬を飲めば病気が治る」とは、普通は言わない。もしも誰かが「健康になるための薬を開発している」などと言えば、ちょっと頭がおかしいマッド・サイエンティストと疑われても文句が言えないだろう。

薬とは病気を治すものであって、健康を作り出すものではないからだ。

健康は前提として最初からそこにあるもので、それを人工的に作り出すことはできない。というより、そもそも「これが健康」だ、として「部分として」定義できるようなものは何もない。第I章で書いたとおり、それは全体的に心身の調和の取れた状態を指しているだけで、部分的な不具合がなければ、それが「健康」なのだ。

そして、この「全体」と「部分」の関係は「意識」と「集中」との関係でも同様だし、その他重要と思われる人間活動のほとんどすべての領域で同様なのである。

分別心と全体性

たとえば、実際にこれを「幸福」に当てはめてみよう。

「幸福」とは自ら追い求めて得ることができる何かだろうか？　どこか特定の場所に行けば、そこが「楽園」で、そこでなら、これまであった苦しみや悲しみから逃れられたりするんだろうか？

「原因」と「結果」で言うなら、病気を治せば健康になったのと同じ理屈で、苦しみや悲しみを解消することが「原因」で、その結果が「幸福」ということになるのではないだろうか？

それとも何か、幸福の「青い鳥」みたいなものが手に入れば、それが幸福の原因として作用し、結果としてこれまでの不幸が、まるで魔法みたいに消え去るんだろうか？

「青い鳥」のような「獲得できる対象」としては「幸福」は存在しないのではないだろうか？　なぜなら「獲得できる対象」とは、必ずや対象として分別（限定）された「部分」としての何かだからだ。

僕らは自分の不幸や悲しみの原因に目を向け、それに向き合い、その不具合なりを解消することで、もともとあった幸福な状態に戻ることはできるかも知れない。

しかし、どこかにいるかもしれない「青い鳥」を捕まえたり、どこかにあるという「楽園」のような場所に行けば、そのことが原因で魔法のように不幸が消え去り、結果として幸福になる、ということはないだろう。

物事を限定（分別）的に見る心のあり様を「分別心」とするなら、その分別心から見られた世界とは、不幸や病気、苦しみや悲しみしか存在しない、四方八方苦しみだらけの世界である。なぜなら、それらはみな「部分」として見られた何かであり「部分（もしくは限定）」には必ず「有」と「無」の二元性に象徴される両極があり、個的な人生のあり様も、最終的には必ず「死」で終わるからである。

一方「幸福」や「健康」は限定された部分としては存在しないので定義することもできず、分別心では捉えることができないのだ。

こう書くと「精神的にはそうかもしれないが、青い鳥はともかく、実際にはお金とか社会的な地位とか、美しい異性とか、特定の対象を手に入れれば、不幸は解消して幸福になれるのでは？」と思う人も居るかもしれない。

もちろん僕は、この説明では、あくまでも精神的な面での幸福の話をしているので、経済や社会のありように関しては、これとは別の例えが必要になってくるとは思う。

しかし、ここは特に重要なところなので、少々脱線気味だが、経済的な問題にも実は「部分」と「全体」とで、その捉え方がアベコベになるような仕組みの違いがある、という話もしてみたい。

たとえば、ある企業の経営者が、自分の会社の利益を最大化させ、より効率よく儲けるため、自社の社員の給料をなるべく安くなるよう、昇給を抑えていた、とする。

これは一私企業としては合理的な考え方で、企業は利潤を追求するのが仕事だから、理論的には何も間違っていないはずである。おそらく、まともな資本主義社会では、この経営者に異を唱えることのできる人は一人もいないはずだ。

ところが、もしもすべての企業がこの経営者と同じように、自分の会社の利益をとことん追求しようとすると、たちまち社会全体では経済がうまく回らなくなってしまうということが知られている。

これはマクロ経済で言うところの、いわゆる「合成の誤謬」というやつで、一私企業としては一〇〇パーセント正しい理屈で動いていても、皆がみな、まったく同じようにその正しい行動をとり始めるなら、マクロ（全体経済）的には良くない結果を引き起こすことになる、と言われているやつである。

なぜ一私企業（部分）としては正しいはずの行為が、社会全体で捉えると一八〇度アベコベの間違った結果を生み出すのか？

実はここにも「全体」と「部分」の構図が潜んでいて、「部分として」正しい行為も全体としては間違った結果をもたらすことがその原因なのだ。

ちょっと考えれば分かると思うが、会社の社員というのは「労働者」として給与所得を必要とするコストのかかる存在ではある。

しかし、一人の人間としてトータルに見るなら、社会生活の中では会社が提供するモノやサービスを購入してくれる「消費者」でもある。

つまり、一人の人間の中には「労働者」であると同時に「消費者」としての役割もあり、社会全体の給与所得が上がらないなら、当然、その分、消費量も増えなくなるので、結果としてモノが売れなくなり、社会全体としては経済の成長を妨げることになってしまう。

要するに、一人の人間の中に「労働者」と「消費者」という役割が同時に存在しているのに、私企業は、その存在を一方の役割でしか見ようとしないのが問題なのである。

そして当然、役割というものは「分別心」で勝手に切り分けられた観念的なものでしかない。トータルに全面的な人間として見るなら、両者の役割は、そもそも最初から分けようがない「全体」として存在しているはずである。

だからケインズは、景気が悪くなって企業が給与を払いづらくなるような場面では、政府が代わりに財政出動して公共事業をやるべきだ、と主張した。

つまり政府は、私企業がやることと正反対のこと（公共事業で金をばら撒く）をやって景気を支えなくてはならないのである。

ところが日本では、この当たり前のことをやろうとすると、なぜか世間からは「税金の無駄使い」だのなんだのと批判の声が上がり、財務省は自らの省の権益を守るために財政規律が必要だと難癖を付け予算を出したがらない。

本当なら私企業の行き過ぎをいさめなければならない立場の政治家はというと、その私企業（経団連）連中とべったりで、企業の利益を一緒になって追求してケチケチするから、一向に庶民の所得は上がらない。

結果として、わが国は、先進国ではほとんど唯一という、三〇年ものデフレを続けて、安くて貧しい国に転落している真っ最中というわけなのだ。


経済のほかにも重要な人間活動で言うと、先に書いた「言葉」とそれが指し示そうとする「意味」にも同じ構図がある。

たとえばひとつの単語が意味を確定させるには、それが置かれたセンテンスの中の関係を調べる必要があるし、そのセンテンスの意味は、それが含まれるより長い文章全体の中でしか位置付けすることができない。

さらにその文章全体も、書かれた国や、筆者の生きた時代背景だったり、その文化的な土壌も考慮しないと正確な意味を判定することはできないだろう。

この捉え方を演繹していくと、昔からある例えで申し訳ないが「意味」というのは、あたかも無限の広さを持つ広大な大海のようなもので「言葉」というのは、その表面の海原に現れては消える小さな波のようなもの、という構図におさまるんじゃないだろうか。

もちろん、波は大海の一部だから完全に切り離されてはいない。どんな場合も結局、部分は全体の一部に過ぎないのだ。それでも、観念というフィルターを通してみると、この世には波しか存在していないかのように見える。

海に住む魚は、その真っ只中に住んでいるのに、何が海なのか知ることが無いと言われる。同じように、意味は言葉を離れても大海のように存在するのに、僕らはその表面に漂う言葉のほうにしか目を向けない。

あるいは、部屋の中で壁に掛けられた時計に意識を集中させるとき、最初からある〈元の意識〉の方には無頓着で、その元の意識の上に作られる「これは時計、これは机、これは……」と個別に集中しようとする分別心の方にばかり目を向けてしまう。

元の見ているだけの意識のほうが「主体」で、分別心のほうは一時的な「客体」のはずなのに、それがいつの間にか全く正反対に反転してしまうのだ。

人はこの、あまりに単純で当たり前のことに気がつかないから、幸福を手に入れようとして自分の不幸に目を背けるという、主客が転倒したアベコベの行動（世間的には常識的な行動かもしれないが）をとってしまうのではないか？　分別心は、とりあえず今の自分の不幸な状況と反対の側に行けば幸福になれる、と思い込んでしまうからだ。

しかし本当は、病気を治すことが健康であったのと同じように、その不幸や苦しみの原因に真正面から向かい合って、その正体を見極めることの中にしか幸福は存在しないはずなのだ。

また、この構図が分かっていないと、精神的な観点だけでなく、社会全体の経済を考えなければいけないような局面でさえも、デフレ下で政府が増税して財政出動は抑えようとするなど、アベコベの政策をやろうとして自分で自分の首を絞めてしまうことになるのではないか。

ちなみにこの、モノの見方がアベコベにひっくり返ってしまうことを「転倒」と表現することがあるが、実はこれ、もともとは仏教用語で、世間一般の分別智に基づいたモノの見方と、仏の智恵から見るモノの見え方が正反対であることを表しているのだという。

「たび」とは家＝住居を出ること。では「住居」とは？

そしてもちろん、本書のテーマである「旅」もまた、この構図と関係がある。

いまさらだが「旅」の意味を『広辞苑』で引いてみると〈旅とは、住む土地を離れて、一時他の土地に行くこと。旅行。古くは必ずしも遠い土地に行くことに限らず、住居を離れることをすべて「たび」と言った〉のだそうだ。

距離に関係なく、住居を離れることすべてが本来の「たび」なのだという。だとしたら、そもそも住居とは何なのか、と問わなければならないだろう。

「住居」とは何だろうか？　通常の意味での住居というのは、現代なら一軒家だったりマンションの一室だったりするかもしれない。

しかし、より深く内面的に見るなら、人にとって真に住居であるのは「観念」という壁で立てられた「自我」という名の住まいではないだろうか？

つまり、分別心をもって観念の内に住み、そこから世界を眺めて生きる生き方から、観念の壁を越えて、分けようがないひとつの「現実」を生きようとすること、これこそが「旅」の本質ということになるのではないだろうか？

もちろん実際には、観念を完全に捨て去ることは不可能だろう。というより、〈限定された〉何かを捨て去るという捉え方自体が、そもそもの最初から観念的な行為と気が付く必要はあるかもしれない。

これを読んで、もしも誰かが「よし、分かった。自分も観念を捨てて自由に生きよう」と努力するなら、まさにその観念を捨て去ろうという努力自体が観念的だから、どんなに努力しても捨て去ることなどできない、ということは知っておくべきだ。

仮に「自分は観念を捨てることができた、どうだ！」などと自慢しようものなら、どこぞの禅僧に「お前は、その〈捨てた〉という観念を担いでいるじゃないか、放下着！」と叱られるのが落ちだろう。ちなみに余談だが、僕には現代アートの世界は、まさにこの「観念を使って観念を捨てよう」とする試みに侵されて大混乱に陥っているように見える。

したがって（分別された何かを）「捨てる去る」ということは、実はちっとも（全体性に気が付くことで）「捨て去る」ということではない。だからこそ、それは「捨て去る」と言われるのだ、ということになる。

なんだか『金剛般若心経』の一節みたいな言い回しになってしまうが、この「即非の理論」として有名な「AはAではない、だからAなのだ」という言い回しの本当の意味も、こんな風に全体性と分別心で捉えられた言葉の意味の違いを指摘することの中にあるように思う。

最後に残るものの意外な正体

さて、第Ⅳ章3の〈靴ひも理論〉で、僕が分からないとした二元性を超えたあとに残るものの正体についても書いておきたい。

それは何もない空白のようなものだろうか？　観念的に捉えようとすると、それはいわゆる「虚無」のようなもの思えるかもしれない。しかし、すでに説明してきたとおり、そんなものは虚無主義者が思い浮かべる「有」の反対の「無」でしかないのだ。

ここで説明したように「全体性」と「部分」の構図について理解したあとなら、後に残るのは分別心で捉えられる前の全体性、と答えることになるだろう。しかし、そんな風に分別心で分かったような説明をしてみてもあまり実際の役には立たない。

いや、それどころか、それもまたもう一方の観念的解釈で、いわゆる「断見」に対する「常見」的なモノの見方でしかないかもしれない。

もっと実際的で現実に沿った説明をしてみよう。「旅」が観念からの解放なら、そのとき、解放された後に残るものとはいったい何だろうか？

人はまず最初に「旅」に出たいという欲求、あるいは現実を直に知りたいという欲求から「家」を出ようとするのではないだろうか？

内面からふつふつと溢れ出そうとする、ある種の「情熱」というか「活力（エネルギー）」があり、それが外に向かおうとする動き、それこそが人をして旅に向かわせようとさせるのではないだろうか？

では、その情熱が外に向かおうとするとき、普通なら分別心が働いて特定の「目的地」や「行動」に向かうところを、特に何かを目指さなかったり、何かをしようと思わない場合、その情熱はどうなるだろうか？

分別心によって「限定された何か」を持たなくなった欲求は、いわば純粋な「情熱」となって、人をまだ見ぬ何かへと駆り立てはじめるのだ。

通常、人はこの「情熱」をまっすぐには解き放たない。人は普通、この「情熱」という名のエネルギーを、特定の何かに結びつけてその特定の対象にだけ執着するように仕向ける。「情熱」とか「エネルギー」とかいう呼び方がしっくりこない、という人は、ずばり「欲望」と呼んでしまってもそれほど間違ってはいない。

この「欲望」という名のエネルギーが、特定の対象を追いかけたり執着したりしないなら、そのとき、その欲望はどうなるだろうか？

普通、欲望ゆえに苦しんだことのある人は、その欲望の大元の活力（エネルギー）の方を抑圧しようとする。たとえば失恋して悲しみにくれた経験がある人は、歌の文句じゃないが、こんなに苦しい思いをするならもう二度と人を好きになったりしない、などと言うかもしれない。つまり、執着の元になる自我（分別心）のほうは傷つかないように大事に取っておいて、あふれ出ようとする活力のほうを抑圧しようとするのである。

それは泉からまさに水が湧き出ようとする場面で、洪水になったら大変だからと大きな岩を持ってきてそれにフタをしようとするのに似ている。

大事なのは泉から湧き出て流れようとする「水の流れ」だろうか？　それとも洪水を妨げるために用意した大きな「岩」だろうか？

あるいはこうだ、牛が車を引いて動こうとするとき、鞭打つべきは牛（自然由来のエネルギーの象徴で全体性に属する）の方だろうか？　それとも自分が乗っている車（分別心の象徴）の方だろうか？

そういえば、この牛と車のたとえ（南岳懐譲の有名な禅の逸話）には、その前に「瓦」を磨いて鏡にしようとするという話もあった。

「鏡」は元々最初から鏡だから、その表面に汚れがあれば、磨いてその汚れを落としてやることで元の鏡の輝きを取り戻すことができる。しかし瓦（分別心）の方は、いくら磨いてやっても鏡にはならない。

だから「旅人」のアプローチは、そんな世間一般の常識とは正反対で、活力はそのままに解き放って、それをどこかに向かわせようという分別心のほうを弱めるというものになる。

大乗仏教には「煩悩即菩提」という言葉があるという。「煩悩」とは言うまでもなく、僕らを苦しめる大元、諸悪の根源である「欲望」のことで、もう一方の「菩提」とは「正覚」とか「悟り」といわれる、その対極にあるものである。

一見、まったく正反対の両者が、即、すなわちまったく同じだ、と言うのである。不思議な言説に聞こえる。

しかし、煩悩の大元である「エネルギー」とは、例の構図、すなわち〈全体性と部分〉という構図に当てはめて考えると、自然由来（全体性）の元からあるもので、特定の対象に向かおうと仕向けるのが「分別心」ということになる。

諸悪の根源であるはずの「欲望（活力と対象への執着が混じったもの）」も、観念という限定を外して、特定の対象に結びつかないなら、それは元々あった純粋なエネルギーへと還るしかない。その帰還の道筋が「旅」ということになるのではないか？

もちろん僕は、それがどこに向かうおうとするのか、何をしようとしたいのかは知らない。知らないからこそ、その流れに身を任せて生きてみたいと思う。それが旅人の性というものだろう。

そして、これが本当の「旅」というものだとしたら、僕らはまだ誰も、本当の旅がなんなのか、そしてそれがどこに向かおうとしているか、実際のところは何も知らないのだ。

エピローグ　旅の導きの先に

　これまで本文では一度も触れてこなかったが、実は僕は、九〇年代の半ばくらいには、インドを訪れる度に、ベンガル地方のとある片田舎の村に出入りするようになっていた。最初にその村を訪れたのが、何度目のインド行きだったのかとか、正確なところはよく覚えていないし、最初からその村の存在を知っていて取材しようと思って訪れたわけでもない。たまたま偶然、旅の途上で知り合った旅人から「面白いところがあるよ」と紹介されて訪ねてみただけなのだが、そこで出会った人たちに魅了され、いつの間にか気が付いたら、インドに行くのはその村に滞在するのが主目的と言っていいような状態になるくらい、頻繁に訪れるようになっていたのだ。

　ベンガル地方というのは、宗教的にはヴィシュヌ派と呼ばれるヒンドゥー教徒の多く住む地域として知られる。だがもう一方で、最後まで仏教が存続していたという、インドにおける仏教終息の地でもある。

インドにおける最後の仏教の教えとはどのようなものだったのだろうか？　あまり専門的に調べたわけではないが、仄聞にて知るところによると、それは「サハージャ・ヤーナ（倶生乗）」と呼ばれる密教であったと言う。

もっとも「密教」という呼び方は、あくまでも日本独自の呼び方で、世界的にはタントラと呼ぶのが一般的だという。

そしてそのタントラには、仏教だけではなく、地元のヒンドゥ教にも同じような修行体系があり、結局、ヒンドゥ教系のタントラだけが生き残り、仏教は滅びたと言われているのである。実は僕がよく訪れるようになった村とは、そのタントラ系サドゥー（修行僧）たちが多く住む村で、僕がその人たちに魅せられた理由というのが、彼らが今に伝えるその独自の教えの中に、かすかに最後の仏教（もしかしたらサハージャ・ヤーナ系）の息吹を感じたからなのだ。

本書の終章では、観念から解放されて後に残るものについて、僕なりの結論めいたことも書かせてもらったわけだが、人によっては、その結論に至る部分が前段までの考察を離れて、かなり唐突に書かれているように感じられたかも知れない。

もちろん、あのような結論に至るまでには、僕なりにそれなりの探求があったわけだが、そこに至るまでの詳しい経緯は、あえて書かなかった。

というのも、それについて詳しく書こうと思えば、必然的に、僕がベンガルの村で教わった、そのタントラ的仏教解釈（と勝手に思っているだけだが）にも言及しなければならなくなるだろうからだ。

そうなると、やれ、そんなものは仏教じゃなくてヒンドゥー教だろう、とか、あーでもない、こーでもないと、その説明だけで別の本がまた一冊書けるくらい解説しなければならなくなってしまう。

ということで今回は見送ったのだが、もしも機会があれば、そのベンガルのサドゥーたちとの交流の記録も含めて、別の書籍として発表できればと思っている。

また、誤解がないように念のために書き添えておくと「分別心が無くなることが解放だ」とは書いていないつもりだ。当たり前のことだと思うが、分別心が無くなって物事の区別が付かないような、ただのアホになればいい、という意味のことは書いていない。

分別心とは、結局、便利な道具のようなものなので、それは状況に応じて臨機応変に使いこなせばいいだけで、僕が言いたいのは、その中に自己を置いて、自己の本源である活力のほうを抑えるような生き方はおかしいのでは、ということでしかない。

さらに追記しておくと、意識に関しても「元からある通常の意識」の話しかしておらず、通常の意識状態を超えて何か別の変性意識というか、トランス状態になるだろうとか、そういう話をしているつもりも全く無い。

真に大事なのは、何か特別な認識や体験をもつことではなく、当たり前の通常の意識（禅でいうところの平常心）に気が付くことではないだろうか？　どんなにすばらしい体験をしてみても、結局それが普通の意味での「体験」で有る限り、そこに体験者という分別心が残るだろうからだ。

最後に、比較的締め切りに融通が利くＷＥＢ連載として始まったとはいえ、後半は原稿を書くスピードが極端に遅くなってしまい、担当いただいた編集部の皆さんには大変ご迷惑をおかけした。

今回、書いてみて改めて感じたことは、この手のテーマは、読む人のことを想定しないで一人で勝手に書くことは難しいということで、この出版社の読者ならここまで書いても理解してもらえるだろう、という想定があってはじめて書くことができる内容になったと思う。

ということで、編集部および関係者の皆さん、さらにはこの本を手にとってこれから読まれるだろう読者の皆さん（もちろん読み終わった方も）にも謝意を表しておきたい。

〈著者略歴〉

久保田耕司（Kohzi Kubota）

1965年生まれ、静岡県出身。写真家＆著述家。広告代理店の制作部からキャリアをスタート。90年代初頭から約１年ほどインド放浪の旅に出る。帰国後、フリーランス・フォトグラファーとして独立。主に雑誌などエディトリアルなジャンルで活動。現在は著述業にも手を広げ、写真においては主観と客観の一致した「心象光景」の撮影をテーマに、著述においては全体性から捉えた「現実」の記述をテーマに掲げる。編集プロダクション(有)クレパ代表。

旅路の果てに

人生をゆさぶる〈旅〉をすること

2022年６月15日　第１刷発行

著　者――――久保田耕司
発行者――――神田　明
発行所――――株式会社 **春秋社**
〒101-0021東京都千代田区外神田2-18-6
電話03-3255-9611　振替00180-6-24861
https://www.shunjusha.co.jp/
印　刷――――株式会社 太平印刷社
製　本――――ナショナル製本 協同組合
装　丁――――野津明子

Printed in Japan, Shunjusha.
ISBN 978-4-393-49539-1　C0095
定価はカバー等に表示してあります

小川さやか
チョンキンマンションのボスは知っている
アングラ経済の人類学

一攫千金を狙って香港に集まるタンザニア人の生活はまさか！ の連続。交易人、難民をも含む互助組合、ＳＮＳによるシェア経済。既存の制度に期待しない人々の合理的な知恵とは。

二二〇〇円

J・ブルーダー、鈴木素子
ノマド
漂流する高齢労働者たち

一見、キャンピングカー好きの気楽なリタイア族。その実、車上生活しながら過酷な労働現場を渡り歩く人々がいる。ジャーナリストが数百人に取材、老後なき現代社会をルポ。

二六四〇円

赤坂憲雄
日本という不思議の国へ

モラエスからアレックス・カーまで日本と縁を結んだ7人の紀行・文芸作品に描かれた日本とは。失われた生活風景、文化を照射し、私たちの自画像の再考を迫る一冊。

二〇九〇円

渡辺　裕
まちあるき文化考
交叉する〈都市〉と〈物語〉

文学散歩や映画のロケ地巡礼など、作品世界と紐づけられて生成・変容する都市のイメージと、あわいに生じた文化のありようを描き出す。無縁坂や小樽、軍艦島などをめぐる全5章。

二六四〇円

池内　紀
東海道ふたり旅
道の文化史

「東海道五十三次」を水先案内にして、長年旅を続けてきた著者が、社会、経済、歴史、技術、芸能、風俗などあらゆる視点で道をながめた、珠玉の文化論。カラー図版多数。

二二〇〇円

尹　雄大
脇道にそれる
〈正しさ〉を手放すということ

固定観念から自由になるには？「べてるの家」の人々から伝統工芸の職人まで、常識という名のレールをそっと踏み外し、自らを見いだした「先人」が教えてくれたこと。

一九八〇円